新世纪网络教育系列教材

U0368256

社会学概论

陆小媛◎主编　杨少曼 孟凯旋 林海彬◎副主编

清华大学出版社
北京

内 容 简 介

本书共分为10章,介绍了社会学的学科历史发展、研究方法和技术、主要理论流派和不同理论观点,尤其注重社会学研究在中国的应用。希望通过本书的学习,能够帮助读者掌握社会学的基本知识,像社会学家一样,运用社会学分析方法和视角,思考和看待社会。

本书精简而不失完整,生动而不失严谨,新颖而不失经典,适合作为各类大专院校社会学通用教材或教参,也可作为相关知识爱好者的参考读物。

图书在版编目(CIP)数据

社会学概论/陆小媛主编. --北京:清华大学出版社,2013(2025.1重印)
新世纪网络教育系列教材
ISBN 978-7-302-32863-6

Ⅰ. ①社… Ⅱ. ①陆… Ⅲ. ①社会学-网络教育-教材 Ⅳ. ①C91

中国版本图书馆 CIP 数据核字(2013)第 136385 号

责任编辑:田在儒
封面设计:李 丹
责任校对:袁 芳
责任印制:杨 艳

出版发行:清华大学出版社
   网 址:https://www.tup.com.cn, https://www.wqxuetang.com
   地 址:北京清华大学学研大厦 A 座   邮 编:100084
   社 总 机:010-83470000   邮 购:010-62786544
   投稿与读者服务:010-62776969,c-service@tup.tsinghua.edu.cn
   质量反馈:010-62772015,zhiliang@tup.tsinghua.edu.cn
   课件下载:https://www.tup.com.cn,010-83470410
印 装 者:天津鑫丰华印务有限公司
经 销:全国新华书店
开 本:185mm×260mm   印 张:12.5   字 数:289 千字
版 次:2013 年 7 月第 1 版   印 次:2025 年 1 月第 10 次印刷
定 价:36.00 元

产品编号:046914-02

当你我在浩如烟海的社会学教材中相遇,希望我们能开启一段快乐的学习之旅!

作为妙趣横生的通识读本,本书力求做到"精"、"趣"、"新",让你在感叹社会学家视角的独特和思维的睿智时,也领悟到社会学知识对于日常生活现象分析的实用性,从而快乐学习,轻松应用!

这是怎样的一本书?

精——精简而不失完整。本书在保证社会学基本理论结构完整性的前提下,根据教学实际需求,精选部分社会学经典理论和前沿成果,贴近日常生活和社会实际,短小精悍,重点突出。

趣——生动而不失严谨。本书没有过多抽象的讨论,而是尽可能地通过具体实例展示社会学理论背后人们习以为常的生活经验,内容精简洗练,文字通俗易懂,妙趣横生。本书还精心设立了"社会学之窗"和"社会学与生活",期望具体的实例、生动的图片可以提升读者的社会学想象力。

新——新颖而不失经典。除了经典的社会学研究成果,本书还新增了社会学研究的最新进展,及时更新社会学理论和知识结构,为读者提供看待社会的新视角。

我能从这本书中学到什么?

社会学主要研究什么?学习社会学又有什么意义?怎样研究和掌握它并运用于实践?社会学不是事实的堆积和一系列定义,它是一种看待社会的方式,引导我们反省自身的生活,理解我们所处情境的过去与当下。通过阅读本书,你将了解社会学家如何理解和看待这个社会。

本书共分为 10 章,介绍了社会学的学科发展历史、研究方法和技术、主要理论流派和不同理论观点,尤其注重结合日常生活现象进行社会学分析。通过本书的学习,你将掌握社会学的基本知识,像社会学家一样,运用社会学分析方法和视角思考和看待社会。

我怎样更好地使用这本书?

学而"乐"。本书尽可能运用生动的词语,选择有趣的案例,让你在学习知识的同时感受理性思考的乐趣,享受快乐阅读的体验。本书也能让你在不知不觉中增长社会学知识,甚至会不自觉将社会学想象力带入自己的生活中。

乐而"思"。任何学问和知识都不是孤立的,在充分体验了社会学知识的乐趣后,你应该运用社会学想象力思考书中的实例,分析身边的事件,感受他人的看法,学会运用社会学知识思考和理解自己身处的社会与世界。

思而"用"。社会学知识可以运用到我们生活的方方面面。也许我们不会成为社会学家,但可以借助社会学看待社会的视角解开生活中的许多谜团,让自己的生活更加轻松和便捷。

理论可以贴近生活,知识可以生动有趣,学习也可以成为一种享受!让我们一起开始社会学学习之旅吧!

目 录

第一章

社会学导言

在我们生活的世界里存在着各种各样的事物，呈现出丰富多彩的现象。人类总是不断探索着自然界和人类自身的奥秘。物理学、化学、生物学等自然学科可以解释自然界的"为什么"，但诸如"人类为什么要组成家庭？"、"他们为什么崇拜神？"、"为什么有的人富有，有的人却贫穷？"、"是什么将社会联结成一个整体？"这些问题，都由一门专门的学科来进行研究。这门学科就是社会学。

社会学会给你带来"意外的惊喜"，这份惊喜就是对常识的超越。社会学可以帮助你用新的视角看待周围的现象和这个世界。你会惊奇地发现，你的生活多少是可以预见的。你也将发现，在你寻找和实现个人目标时，社会学知识会给你提供一些帮助。

通过本章的学习，你将了解什么是社会学、社会学与其他学科的关系以及学习社会学的意义。我们还会走近早期社会学家，了解他们对社会学的建设和贡献。最后，我们将重点关注社会学家研究社会的3种理论视角，探讨功能论、冲突论和互动论是如何理解和分析社会的。社会学的理论视角非常重要，它是我们打开社会学之门的钥匙。

第一节 何谓社会学

满怀好奇,我们轻轻叩响了社会学殿堂的大门。开启社会学之门的钥匙其实就握在我们自己手里。社会学入门的基础知识就是这把神奇的钥匙。在本节中,我们将一同走进社会学,感受社会学的魅力。

一、什么是社会学

社会学与我们的生活有什么关系呢? 或许你心中会有这样的疑惑。

那么,请想一想,你是否会受到电视节目或街头广告的影响呢? 你每天过着怎样的生活,又为何不是以另一种方式生活呢? 为什么礼尚往来是我们的日常交往模式? 为什么有的人富有,有的人却贫穷? 是什么造就了我们的社会,又是什么使得社会发生了变迁?

社会学所关注的这些问题与我们的日常生活息息相关。简而言之,**社会学**(Sociology)是系统地研究社会行为与人类群体的科学,它主要研究社会关系对人们态度和行为的影响,以及社会是如何建构和变迁的。

作为研究人类生活、群体和社会的一门学科,社会学的研究范围极为宽广,从分析街上行人之间的短暂接触到探讨全球社会进程都纳入其中。社会学主要帮助我们了解社会现象及其成因,了解日常生活情境的形态及其意义(图1-1)。

图 1-1　社会学就在我们身边

社会学与生活

我们心中的社会①

世界各地的人们都认为自己的生活习惯是理所当然的(图1-2)。

在中国,北方人以小麦面食为主,南方人的主食则是米饭,儿孙满堂是天伦之乐,正式场合领导人身着中山装,被视为中国古典民族服饰的唐装近些年来亦有所复苏。

在美国人内心里有某种东西,他们总是认为:汉堡包美味可口,小一些的家庭更好,名牌服装很有吸引力。

生活在西奈沙漠中的一些阿拉伯族成员心底的某种东西却告诉他们:温暖新鲜的骆驼血液是美味可口的饮料,每个人都应有一个大家庭并穿着宽松的长袍。

这个"东西"当然不是一种本能,而是"我们心中的社会"。社会学视角通过揭示人们行为背后更为广泛的社会背景,帮助我们摆脱狭隘的个人视野,科学地检视人与社会的关系。

图1-2　各具特色的东西方饮食文化和婚俗

二、社会学与常识

社会学总能给我们带来超越"常识"的"惊喜"。社会学与常识的区别就在于是否依据科学的方法来理解和看待社会现象。

在日常生活中,我们常常依据**常识**(Common Sense)解释所遇到的情境。常识大多是人们根据社会和生活经验积累而成的"共识"。然而,常识并不总是可靠的,例如哥白尼(Copernicus,1543)②经过科学研究而提出的"日心说",颠覆了人们长久以来深信不疑的常识——"地心说"。同样的,对社会的认识也应该超越常识。

举个例子,强关系比弱关系③更有利于获得一份好工作,这是大多数人达成的"共识",因为亲密的关系使得掌握资源的人更愿意帮忙(图1-3)。然而,美国社会学家格兰诺

---

① [美]詹姆斯·汉斯林.社会学入门——一种现实分析方法(第7版)[M].林聚仁等译.北京:北京大学出版社,2007:4.(有删改)

② 尼古拉·哥白尼,Nicolaus Copernicus,1473—1543。

③ 强关系,Strong Ties,关系亲密,经常互动。弱关系,Weak Ties,关系不太亲密,不经常互动。

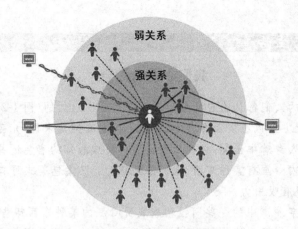

图 1-3　强关系、弱关系的力量

有研究表明,在网络社交中,强关系的网民彼此相似,更有可能访问相同的网站;而弱关系的网民差异性大,倾向于访问不同的网站。同样,弱关系比强关系更有利于获取多样化的信息,更有利于求职。

维特(Granovetter,1973)[①]的研究结果显示[②]:事实并非完全如此。也就是说,在一定条件下,弱关系比强关系更有利于找到与自己相匹配的工作。这是因为,在充分竞争的劳动力市场上,强关系带来的资源重叠性高,而弱关系使得个人获得的求职信息和机会更加多样化,因此增加了人们获得好工作的机会。如果一个人的交友分布在不同的职业和社会阶层,相对于只与一个群体交往的人来说,前者求职的渠道无疑更加宽广。这是社会学研究超越常识的一个经典案例。

社会学研究之所以能超越常识,是因为常识所依凭的是一般信念,并没有系统地分析和检验事实。社会学积累了很多知识,并发展出一整套观察和理解世界的科学的系统的方法,对资料进行收集、记录、分析和检验,通过科学的方法解释那些"显而易见"、"理所当然"的社会现象。

当然,有些社会学研究结果很像"常识",这是因为研究的对象是日常生活各个层面的现象,但差异就在于社会学家的发现都经过了检验。社会学超越常识并寻找新意,为我们提供了看待社会和世界等一系列问题的独特视角,使我们得以重新看待这个熟悉而陌生的世界。这正是社会学的魅力之所在。

三、社会学想象力

社会学家有何过人之处呢? 美国社会学家米尔斯(Mills,1959)[③]将社会学的独特思考方式称为**社会学想象力**(Sociological Imagination),这需要人们关注有限的个人经验与更为广阔的社会之间的关系。

---

① 马克·格兰诺维特,Mark Granovetter,1943—　。
② [美]马克·格兰诺维特.找工作:关系人与职业生涯的研究[M].张文宏等译.上海:上海人民出版社,2008.
③ 查尔斯·赖特·米尔斯,Charles Wright Mills,1916—1962。

人们通常根据从家庭、亲友和同事的小圈子获得的经验来认识世界，然而又往往被这些有限的经验遮住了目光，看不到更为广阔的社会。社会学想象力能使我们超越有限的个人经验和狭隘的文化偏见，从"局外人"的角度观察和理解社会，并将个人经历与社会事件联系起来看待。

例如，在传统农业社会向现代工业社会转型期间，不管是否愿意，农民都会渐渐远离土地走向城市；当经济萧条时，不管工人们如何能干，也会被迫失业，这种状况绝非个人力量所能左右的。社会学想象力能帮助我们解释个人生活的模式和事件与社会的模式和事件之间的复杂关系。

好的，现在让我们一起发挥"社会学想象力"，想象自己脱离了日常生活中那些熟悉的惯例，从"局外人"的角度来看待"喝茶"这个简单的行为，看看你能从一个看似枯燥无味的行为片段中想到些什么。社会学想象力不是与生俱来的，它可以通过学习和训练来培养。

社会学之窗

喝　茶①

中国的茶文化源远流长，博大精深。我们常说"茶余饭后"，可见茶在我们日常生活中是不可或缺的一部分（图1-4）。我们喝的不仅是茶，还喝出了这杯茶背后的许多社会意涵。

首先，我们可以想到，茶所含物质对大脑有刺激作用，许多人喝茶是因为它"提神"。喝茶的短暂休息会让办公室的漫长白天和深夜的苦读好过得多。

紧接着，我们可以指出，茶并不只是一种提神的东西，作为我们日常社会活动的一部分，它还具有符号价值。在日常生活中，喝茶也是一种生活方式或社交方式。例如，广东

图1-4　底蕴深厚的中国茶文化

人有"喝早茶"的习惯，朋友见面可以相约喝杯"下午茶"，难怪古人说"茶之用，非单功于药食，亦为款客之上需也"。可见，喝茶的意义不只是茶本身。事实上，社会的饮食行为为社会互动以及仪式的实施提供了场合，而这些都成为社会学研究的丰富主题。

此外，我们可以联想，一个人一旦喝了一杯茶，无形中就卷入了复杂的社会与经济关系中。茶叶的生产、运输和销售离不开人们之间持续不断的经济和社会活动。当我们细品一杯清茶时，无形中已经间接地和许多人产生了社会联系。经济全球化

---

① ［美］詹姆斯·汉斯林.社会学入门——一种现实分析方法(第7版)[M].林聚仁等译.北京:北京大学出版社，2007:4.（有删改）

影响着我们生活的许多方面,这也是社会学的一个重要研究主题。

你能想到的,或许比这些还要多得多。

四、社会学与相关学科

科学一般可以划分为自然科学和社会科学。**自然科学**(Natural Science)研究的是自然界的特征及其规律,如生物学、地质学、化学、物理学就属于自然学科。在研究自然科学的同时,人们也发展了研究社会世界的**社会科学**(Social Science),包括人类学、经济学、政治学、心理学和社会学等不同领域的学科。

社会科学各学科都涉及对人类社会行为的研究,但都有各自特殊的取向和研究视角,我们以对志愿服务的研究来说明各个学科的侧重点。历史学家感兴趣的部分可能是志愿服务的文化及相关制度的变迁;心理学家可能会通过个案,研究志愿服务过程中志愿者的个人动机;经济学家进行的研究也许是志愿服务如何间接带来经济效益;政治学家则会研究政府官员们对志愿服务所持的立场以及这个立场对社会发展所带来的影响。那么,社会学的焦点是什么呢? 社会学关注个人与社会的关系。对于志愿服务的问题,社会学的研究可能是社区志愿服务中志愿者与被服务者之间的社会互动,或者是志愿服务背后的社会支持网络。

五、社会学的功能

社会学有何用武之地?

总的来说,社会学具有 3 种功能:描述、解释和预测。社会学描述"社会是怎样的",发生了什么事情,进而解释"社会为什么这样",探讨这些事情的原因和机制,最后达到预测"社会将会怎样"的目标即根据当前的知识推测未来将会发生什么。例如,一位社会学家不仅要解释为什么某人从政,还想解释为什么像他这样的人会比其他人更容易从政,并且预测他在从政道路上能否顺利发展。

对个人来说,社会学知识有助于培养我们的人文精神,培养我们对社会和个人处境的关切。社会学能培养我们的分析判断能力,引导我们思索社会力量对个人生活处境的影响和塑造,锻炼我们的批判实践能力,引导我们改变社会的不平等,关怀和帮助弱势群体,共同追求合理的生活处境。[1]

---

① 引用自林国明的《社会学是最好的公民教育》一文,该文系台湾大学社会学系毕业典礼演讲稿。

第二节 早期社会学家

人类对自身的行为充满好奇,总是试图解释纷繁复杂的社会现象。社会学的思想由来已久,但它直到 19 世纪才真正成为一门社会学科。

18 世纪末到 19 世纪初,随着自然科学知识和科学研究方法的迅速发展,人们对社会现象的解释不再依赖于宗教神话和传统信仰,而是科学方法。与此同时,欧洲工业革命带来社会全面巨变,也引发了诸多思想家对社会的研究。在此背景下,早期社会学家纷纷提出了自己的社会学主张,推动了社会学学科的诞生与发展。

现在,让我们一起走近这些伟大的社会学家,领略他们的社会学主张和思想的魅力吧!

一、奥古斯特·孔德

19 世纪初,法国的奥古斯特·孔德(Auguste Comte,1798—1857)被认为是社会学的创始人(图 1-5)。他最先提出"实证"思想,其代表作是《实证哲学教程》(*Cours De Philosophie Positive*,法语)。

孔德认为,要改善社会就必须发展关于社会的理论科学,同时对人类行为进行有系统的研究。他 1838 年率先创造了"社会学"这一术语,用以描述他想建立的学科,并且认为社会学是众多学科的"女皇",为这一学科设定了远大的目标,孔德因而被誉为"社会学的创始人"。

图 1-5 奥古斯特·孔德

孔德重视研究社会秩序,将社会学的基本内容划分为社会静力学和社会动力学两个部分。社会静力学主要研究秩序和稳定性问题,即社会如何以及为什么能够成为一个整体并持续存在下去;社会动力学主要研究社会变迁问题,即究竟是什么使得社会发生变化并且决定这些变化的性质和方向。

孔德率先提出**实证主义**(Positivism)的思想,即主张将科学方法应用到社会世界的研究中。孔德相信,社会是自然的一部分,人类知识具有统一性,自然科学的方法也可以应用于社会领域。尽管他强调应该把科学方法运用到社会研究中,但论证和说明却并不充分。经过涂尔干等人的发展,实证主义研究传统成为社会学的主流。社会学的实证主义思路认为，在通过观察、比较和实验所获得的经验证据的基础上，可以生产出关于社会的知识。

二、赫伯特·斯宾塞

另一位对社会学有重大贡献的人是英国的思想家赫伯特·斯宾塞（Herbert Spencer，1820—1903），他发展了孔德提出的社会动力问题，提出了社会进化论。

身为维多利亚时代的英国人，斯宾塞并没有感受到纠正社会或改善社会的迫切性，而只是希望能更多地了解社会。他利用达尔文（Darwin，1859）[①]在《物种起源》（*The Origin of Species*）一书中提出的"物种进化"这一概念来解释社会如何变迁与进化。

斯宾塞并不认同孔德将社会学用于指导社会改革的主张。按照斯宾塞的观点，社会从低级（原始）形式进化到高级（文明）形式，体现"适者生存"。随着时代发展，社会中有能力、富有智慧的成员（"最适合的"）生存下来，而能力较差者则被淘汰出局。在"适者生存"的观念下，贫富分化也就非常"自然"。最终由最适合的社会成员组成一个更加发达的社会。因而，帮助低等阶级就是干涉自然过程。这一观点与达尔文的进化论非常相似，因而斯宾塞的社会进化论也被称为**社会达尔文主义**（Social Darwinism）。

三、埃米尔·涂尔干

埃米尔·涂尔干（Émile Durkheim，又译为"迪尔凯姆"或"杜尔克姆"，1858—1917）在学术领域声誉卓著，是法国最早获聘的社会学教授（图1-6）。

涂尔干为社会学赢得了独立的学科地位。与孔德一样，涂尔干也认为必须用科学的方法来研究社会生活，并且将其研究方法论主张应用到实际研究中。

1895年，涂尔干发表了《社会学方法的准则》（*Les Regles De La Methode Sociologique*，法语），这一著作在西方社会学史上具有里程碑意义。他指出，社会学第一原则就是"把社会事实当作物（Things）来研究"，认为社会事实具有客观性、集体性和强制性这3方面的基本性质。

图1-6 埃米尔·涂尔干

涂尔干（1897）最著名的研究之一《自杀论》（*Le Suiclde*，法语）是实证社会学研究的典范。自杀是一种纯粹个人化的行为吗？涂尔干关于自杀的研究指出：自杀作为一种社会事实，也受到社会因素的影响，并不只是个人化行为。

社会因素对自杀行为构成了根本性影响，如果人们与社区里其他成员的关系纽带较弱，则他们更有可能自杀，社会整合是社会生活的关键所在。涂尔干提出，**社会整合**（Social Integration），即人们与其社会群体结合的程度是自杀的一个关键社会因素，并由此推论：社会纽带较弱的人更有可能自杀。换言之，社会整合较弱的人自杀的可能性

[①] 查尔斯·达尔文，Charles Darwin，1809—1882。

更大。

　　只有当个体成功地整合到社会群体当中，并且接受一套共享的价值和习俗的调控时，才能维持团结。涂尔干在《社会分工论》(De La Division Du Travail Social，法语)中分析了社会变迁，认为工业时代带来了**有机团结**(Organic Solidarity)，成员间的差异日益增加，但通过分工合作相互连接在一起，有别于传统社会的**机械团结**(Mechanical Solidarity)。

社会学之窗

自杀：从个人行为到社会事实①

　　涂尔干对自杀的分析是探讨个体与社会之间关系的经典社会学研究之一。涂尔干考察了法国官方的自杀记录，发现某些类型的人比其他人更有可能自杀。例如，他发现男性自杀的人比女性多；新教徒比天主教徒多；富人比穷人多；单身者比已婚者多。涂尔干还注意到，战争期间自杀率较低，而当经济处于变革或不稳定期时，自杀率较高。

　　涂尔干基于这些发现而得出结论：外在于个体的社会力量影响着自杀率。他把这种说明联系到社会团结的理念，联系到社会内的两类纽带，即**社会整合**(Social Integration)和**社会调控**(Social Regulation)。涂尔干认为，个体如果与社会群休充分整合，其欲望和抱负受到社会规范的调控，就不太可能会自杀。他区分出 4 类自杀。

　　利己型自杀(Egoistic Suicide)的标志是与社会的整合程度低。当一个人离群索居，或者当他与某个群体的联系被削弱甚或破裂时，就会发生这类自杀。例如，婚姻可以把个人整合进一种稳定的社会关系，从而避免自杀。相比较而言，单身者就会与社会较为隔绝，而更可能自杀。

　　失范型自杀(Anomic Suicide)是由缺乏社会调控引起的。涂尔干指的是由于社会的快速变革或动荡造成人们"缺乏规范"，形成失范的社会状态。例如处于经济动荡时期或离婚等个人困扰里，规范和欲望丧失了一个稳定的参照点，就会破坏人们所处环境及其欲望之间的平衡，从而导致失范型自杀。

　　利他型自杀(Altruistic Suicide)发生在个人"过度整合"的时候，即社会纽带过于牢固，重视社会基于重视自己。涂尔干认为，利他型自杀行为为机械团结盛行的传统社会所特有，例如日本的神风飞行员或伊斯兰世界的"自杀炸弹"。

　　最后一种自杀类型是宿命型自杀(Fatalistic Suicide)。虽然涂尔干认为这种自杀类型与当代没有什么关联性，但他认为，这也是个人受社会过度调控的结果。个体所受的压抑导致人在命运或社会面前感到无能为力。

---

① ［英］安东尼·吉登斯.社会学(第五版)[M].李康译.北京：北京大学出版社，2009：13.(有删改)

四、马克斯·韦伯

马克斯·韦伯(Max Weber,1864—1920)是对社会学产生重大影响的德国社会学家(图1-7)。他早期接受过法学与经济史的训练,后来逐渐转向社会学。韦伯试图理解社会变革的性质和动力。

图1-7 马克斯·韦伯

与其他早期的社会学家不同,韦伯更关注社会行动,而不是社会结构。他指出,社会学是一门致力于解释性地理解社会行动,并通过"理解"对社会行动的过程和影响作出因果说明的科学。根据韦伯的观点,人类的动机和理念是变革背后的动因,社会结构是由社会行动之间复杂的相互影响塑造的。

韦伯把社会行动划分为4种理想类型:目的合理性行动,这种行动把对外界对象以及他人行为的期待作为达到目的的手段;价值合理性行动,表现为纯粹基于信仰自身行为本身的绝对价值而采取的行动;情感行动,指由于现实的感情冲动和感情状态而引起的行动;传统行动,即通过习惯而进行的行动。

韦伯认为社会行为与自然现象是不同的,主张用**"理解"**(Verstehen,德语)的方法研究人类行为。为了完全理解行动,我们必须了解人类行为的主观意图,即了解当事人如何看待与说明他们自己的行为。举例来说,我们假定社会学家要研究的是学校社团中成员的地位高低。韦伯会希望,研究人员能利用理解,找出社团成员阶层划分的意义。研究人员可以检验体育能力、学习成绩、社交技巧或资历对于社团成员地位的影响,他们也可以设法了解不同地位的社团成员之间的关系。在研究这些问题时,研究人员必须考虑到人的情绪、思想、信仰与态度。

韦伯还提出一个重要概念工具:**理想型**(Ideal Type)。理想型是用以理解世界的概念或分析模型。在真实世界里,理想型几乎不存在。然而这些假设的建构非常有用,因为对于真实世界里的任何情形的理解都可以通过与理想型的对比来完成。这样一来,理想型就成了一个固定的参照点。韦伯关于科层制的研究就是最好的佐证,"理性官僚制"至今仍未实现,但这个模型为测量实际的官僚制度与组织的情况提供了参考。

在研究规范方面,韦伯认为**价值中立**(Value Neutrality)应该成为学术的规范原则。意思是说,一位社会学家的**价值观**(Values),即有关生活中什么是好的或值得做的以及世界应该是什么样的这些个人信念不应影响研究。他认为,价值中立不是要求学者没有或不能做价值判断,而是告诫他们不要把事实的科学分析与事实的评论相混淆。

此外,韦伯研究了中国、印度和新教,通过对比得出,资本主义新教与印度教和"儒教"不同,新教有关工作、储蓄和成功的价值观及思想积极推动了资本主义制度在欧洲的发展,新教徒将物质的成功视为上帝的荣耀。在韦伯看来,文化观念和价值观念有助于塑造社会和个体行动。

五、卡尔·马克思

卡尔·马克思（Karl Marx，1818—1883）的研究对 20 世纪的世界有着深远的影响（图 1-8）。同孔德一样，马克思也认为人们应当尝试去改变社会，并且认为人类社会充满了冲突，而社会冲突的根源在于阶级对立。

马克思虽然出生于德国，但因宣传革命受到德国政府的驱逐，大部分时间流亡海外。他在法国短暂逗留之后流亡英国，随后定居英国，常年在英国伦敦大英博物馆的图书馆学习研究。马克思亲眼看到工厂越来越多，工业生产逐渐增长，以及由此导致的不平等。尽管他的大多数著作都集中探讨经济问题，但由于他总是把经济问题与社会制度联系起来思考，所以他的著作无论在当时还是现在都富有社会学的洞察力和批判性。

图 1-8　卡尔·马克思

马克思认为，人类苦难的根源在于阶级冲突。他研究当时的工业化社会，比如说德国、英国以及美国，发现工厂俨然成为剥削者，即拥有金钱、土地、工厂、机器等生产资料的**资产阶级**（Bourgeoisie），与没有生产资料的被剥削者即**无产阶级**（Proletariat）冲突的中心。马克思主张，这两个阶级是剥削与被剥削的关系，只有通过无产阶级革命建立共产主义社会，才能实现更广泛的平等。在共产主义社会，人们各尽所能，各取所需，不再有剥削和压迫。马克思对当代的思潮有极大的影响力，他的著作鼓舞了俄罗斯、中国、古巴以及越南发动共产革命的领袖们。

虽然马克思并不认为自己是一位社会学家，但他对社会阶级的分析，尤其是"有产"和"无产"阶级之间斗争的洞见深深地影响了许多社会学家，尤其是冲突理论家们。他们吸收了马克思关于社会冲突的思想，形成了社会学的重要视角——冲突论视角。

第三节

社会学的理论视角

从早期社会学家的思想中，我们发现，社会学家对社会生活有不同的关注点和假设。斯宾塞、涂尔干认为秩序与稳定比冲突与变迁更重要，马克思则持相反观点，也有社会学家更关心微观的人际互动。这些不同的理论视角限定了社会学家解释社会的方式。

后期社会学家在早期思想的基础上，发展出 3 种主要的理论视角：功能论、冲突论和互动论。在本节中，你将了解每个理论或观点对社会生活如何做出不同的解释。

一、功能论

功能论（Functional Theory）认为，社会是一个复杂的系统，它的各个组成部分协同工作，产生稳定和团结。根据这种思路，社会学应该研究社会各组成部分之间的关系以及这些部分与社会整体的关系。要理解社会，功能主义者主张应该同时注意结构和功能，结构即指社会的各个部分如何构成一个整体，而功能则指每个部分对社会的贡献，所以，功能主义有时也被称为"结构功能主义"。

功能主义可以溯源到早期社会学家孔德、斯宾塞和涂尔干那里。孔德和斯宾塞把社会类比为生物机体。他们认为：像身体的各个器官（比如四肢、心脏、大脑）一样，社会的构成部分（比如家庭、商业机构、政府）以系统的方式结合在一起，对整体发挥着积极作用。涂尔干认为，当社会的各个部分都实现其功能时，社会就处于"正常"状态；如果不能实现其功能，社会就处于"不正常"状态或"病态"。

在功能论的发展上，美国社会学家帕森斯（Parsons，图 1-9）[1]和默顿（Merton，图 1-10）[2]是关键的人物。帕森斯受到涂尔干及韦伯等人的极大影响，他将社会看作是一个由各个部门相互连接而形成的巨大网络，每个部门都参与协助并维持整个体系的工作。

图 1-9　塔尔科特·帕森斯　　　　　　图 1-10　罗伯特·金·默顿

默顿的功能主义主张影响尤其深广，他区分了显功能与潜功能，正功能与反功能。**显功能**（Manifest Function）就是特定社会活动类型中的参与者所认识到并有意显现的那些功能，而**潜功能**（Latent Function）就是参与者未曾意识到的那些活动后果。比如，大学的潜功能可能是降低失业率或者为认识未来伴侣提供场所，但这些潜功能不会在大学的简介中直接写明。

功能主义者也认识到，社会中并不是每个部分都是为维护社会的稳定而存在的，并不一定发挥**正功能**（Function）。如果社会结构的某一部分或过程会使社会体系崩溃或降低其稳定性，则被视为具有**反功能**（Dysfunction）。许多反功能的行为模式被认为是不适当

---

① 塔尔科特·帕森斯，Talcott Parsons，1902—1979。
② 罗伯特·金·默顿，Robert King Merton，1910—2003。

的,如杀人、偷窃行为。但是,对反功能的评价也会因价值观和个人立场而不同。例如,"劫富济贫"的行为使富人利益受损,对社会管理产生负面影响,但是,劫富济贫者并不认为自己做错,在他们看来这种反功能促进了对富人的威慑(图1-11)。

图1-11 一样的童年,不一样的起点

教育有时候也会产生反功能,埋下人与人之间差距扩大的伏笔。破旧的黑板,残缺的桌椅,在山区仍有孩子在这种环境下开始启蒙学习;而城里孩子的启蒙教育却是另一番景象。教育在缩减不平等的同时,也可能制造着另一种不平等。

作为社会学的重要理论视角,功能主义特别适合于研究稳定的、小规模的社会,例如中国的小城镇。它有助于我们理解人们怎样形成有秩序的生活,表现出强大的合作精神和高度的团结性。

然而,对功能主义观点持批判意见的人认为,功能主义不能合理地解释战争、叛乱和革命等事件。这与社会学的另一种理论视角——"冲突论"形成了鲜明对比。

社会学与生活

功能论视角下的宗教

在功能论者看来,宗教是一种"社会黏合剂"。不管是佛教、伊斯兰教、基督教还是犹太教,都提供给人们关于生命意义的答案。宗教提供了人类生命的终极价值,这些价值观有助于社会整合。在人们遭遇危机与困惑时,宗教发挥了将人们紧密连接的功能(图1-12)。

图1-12 宗教僧侣

二、冲突论

从 20 世纪初开始,帕森斯提倡的功能主义主导了美国社会学发展约 40 年。随着功能主义对当时美国社会不稳定现象解释力的下降,冲突论等其他理论开始崭露头角。

相对于功能主义者强调的稳定与共识的思考方式,主张冲突论的社会学家则将世界看做是持续不断的冲突过程。**冲突论**(Conflict Theory)认为,尽管现实生活中也会有联盟和合作,但更为根本的还是对权力的争夺。冲突不一定是暴力,它也可以由劳资协商、政党政治、宗教团体间对信众的竞争、文化中心主义等形式来展现。

冲突论建立在这样的假设之上:构成社会的各部分并不是平稳运行的,而是互相冲突。冲突论者往往把社会看作是由追求各自利益的不同群体组成的,而某些群体会比其他群体获得更多的利益。他们注重考察强势群体与弱势群体之间的张力,并试图理解控制关系如何确立、如何维持。马克思的思想是冲突论的重要来源。

马克思指出,人类历史的核心在于阶级斗争,自从有了私有制,控制着生产资料的群体就开始剥削和压榨没有生产资料的群体。马克思认为,在资本主义剥削劳工的前提下,阶级斗争不可避免。以马克思的理论为基础,社会学家认为,冲突不只是阶级现象,它在我们日常生活中更是普遍存在。因此,当社会学家在研究文化、组织或社会团体的时候,他们会试图探究谁是获利者、谁是受害者以及谁剥夺别人的利益来掌握主导权。以环境保护为例,冲突论者会考虑谁是环境保护的受益者,谁在积极推动环境保护,以及环境保护的破坏者是谁。

冲突论者关心不同群体之间的冲突,包括女性与男性、父母与子女、城市与乡村、白人与黑人。以冲突论流派中的女性主义为例,**女性主义**(Feminism)认为,女性在全世界范围内是一个受压迫、受歧视的等级,主张应该消除性别不平等现象。城乡二元化、民权运动、土地抗争、同性恋解放运动和群体犯罪等问题,都是冲突论关注的重点。

冲突理论家喜欢研究社会中的机制,包括家庭、政府、宗教、教育以及媒体等,如何介入以维护特定群体的特权,并将其他群体置于被支配的位置。他们对社会变迁与资源重组的强调使得冲突论者比功能论者更"极端"也更"激进"。

社会学与生活

贫困与冲突

贫困是一种普遍存在的社会现象。

运用你的社会学想象力,思考以下问题:你了解贫困现象吗?冲突论者会如何解释贫困现象?再想一下,如果是功能论者,又会如何看待贫困现象?(图 1-13)

图 1-13　贫民

三、互动论

另一种社会学理论视角也颇为引人注目,这就是互动论。与关注社会宏观方面的功能论和冲突论不同的是,互动论关注社会的微观方面,研究人们在日常生活中如何交往,如何使这种交往产生实质性意义。互动论者强调,人们总是处在创造、改变自己的生活世界的过程中,并探索人们的动机、目标和理解世界的方式。采用互动论视角的研究者有时被称为"微观社会学家",因为互动论倾向于研究个体和小群体而不是大规模的社会结构。

乔治·赫伯特·米德(George Herbert Mead,1863—1931)被誉为互动论视角的奠基人。功能论与冲突论起源于欧洲,而互动论则肇始于美国。米德关注人类一对一或是小团体的互动情境。米德对一些极细微的沟通形式都颇有兴趣,如微笑、皱眉或点头,以及团体或社会如何影响个体的感受。此后,社会学家开始对互动论越来越感兴趣(图 1-14)。

图 1-14　乔治·赫伯特·米德

图 1-15　欧文·戈夫曼

互动论也被称为**"符号互动论"**(Symbolic Interactionism),符号互动论源于对语言和意义的关注。互动论者认为,**符号**(Symbol)是人类沟通的最重要手段,一个社会中的所有成员共享符号与象征的意涵。比如说,在中国,作揖和鞠躬表示佩服和尊敬,当对方使用这些符号时,我们能明白他的意思。

欧文·戈夫曼(Erving Goffman,1922—1982)因**"拟剧论"**(Dramaturgical Theory,又译为"戏剧理论")的互动研究法而广为人知(图 1-15、图 1-16)。拟剧论将日常生活与舞台

图 1-16　法尔曼与网络微笑符号":-)"

　　一个冒号,一个连字号,再加半截括号,就组成了互联网上常用的"微笑"符号":-)"。

这一符号诞生于 1982 年 9 月 19 日,其发明者是美国卡内基-梅隆大学斯科特·法尔曼
教授。

剧的场景做比较,如同演员要表现出某些形象一样,我们每个人也都想展现我们人格的某
些特质,并且隐藏另外一些特性。因此,在学校里,我们尽量表现得遵守纪律;但是在派对
上,我们则希望自己看起来自在和友善。[①]

　　互动论的观点使人们对日常生活的构成有了一种令人着迷的认识。这种观点揭示了
一些很容易被其他观点忽略的基本的社会过程。不过,互动论的研究偏向使其忽略了对
更广泛的社会制度以及社会稳定和社会变迁的过程的深入研究。

　　3 种社会学理论视角的对比见表 1-1。

表 1-1　3 种社会学理论视角的对比[②]

理论视角	分析层次	分析的关注点	关键概念	代表人物
功能论	宏观社会学——考察大规模社会互动模式	社会各部分之间的关系,这些部分如何发挥功能	结构 显功能 潜功能 正功能 反功能	涂尔干 帕森斯 默顿
冲突论	宏观社会学——考察大规模社会互动模式	社会中的群体为争夺稀缺资源而斗争,精英们如何使用权力来控制弱势群体	不平等 权力 冲突 竞争 剥削	马克思
互动论	微观社会学——考察小规模社会互动模式	面对面互动,人们如何使用符号来创造社会生活	符号 互动 意义 定义	米德 戈夫曼

　　①　[美]理查德·谢弗.社会学与生活(插图第 9 版)[M].刘鹤群,房智慧译.北京:世界图书出版公司,2006:
21-23.

　　②　[美]理查德·谢弗.社会学与生活(插图第 9 版)[M].刘鹤群,房智慧译.北京:世界图书出版公司,2006:24.
(有删改)

每种观点都是集中研究现实的某一个方面：功能论主要研究社会秩序和稳定性；冲突论主要研究社会紧张和变迁；互动论主要研究日常生活中的社会行为过程。

每个理论视角都关注社会生活特定的某些特征并给出独有的解释，因而没有哪个单一的理论可以满足所有需要。综合这 3 个理论视角，我们可以对社会生活图景更加了解和具有洞察力。

社会学理论视角的多样性使我们清楚地认识到，社会学并不是有着严格定义和统一理论基础的学科。但是这种多样性也说明了社会学不是狭隘、封闭的学科。今天，很多社会学家将这种多样性看成是可以使其学科更重要、更具活力和更具冒险性，这样一种多样性总是试图探索人类经验的深层意义。

本章要点

- 社会学是系统地研究社会行为与人类群体的科学，主要研究社会关系对人们态度和行为的影响以及社会是如何建构和变迁的。

- 社会学与常识的区别就在于是否依据科学的方法来理解和看待社会现象。

- 社会学想象力能使我们超越有限的个人经验和狭隘的文化偏见，从"局外人"的角度观察和理解社会，并将个人经历与社会事件联系起来看待。

- 社会学具有 3 种基本功能：描述、解释和预测。

- 19 世纪初，法国的奥古斯特·孔德率先创造了"社会学"这个术语，被誉为"社会学的创始人"；孔德重视研究社会秩序，将社会学的基本内容划分为社会静力学和社会动力学两个部分；率先提出实证主义的思想，即主张将科学方法应用到社会世界的研究中。

- 英国的赫伯特·斯宾塞利用达尔文"物种进化"的概念，其发展了孔德提出的社会动力问题，提出了社会进化论，被称为"社会达尔文主义"。

- 法国的埃米尔·涂尔干为社会学赢得了独立的学科地位，将其研究方法论主张应用到实际研究中。他最著名的研究之一是《自杀论》，此外，还提出了社会整合、"有机团结"与"机械团结"。

- 德国的马克斯·韦伯关注社会行动，把社会行动划分为目的合理性行动、价值合理性行动、情感行动和传统行动 4 种理想类型；他主张用"理解"的方法研究人类行为；提出了"理想型"这一重要的概念工具；认为"价值中立"应该成为学术研究的规范和原则；著有《新教伦理与资本主义精神》。

- 德国的卡尔·马克思认为人们应当尝试去改变社会，并且认为人类社会充满了冲突，而社会冲突的根源在于阶级对立。他对社会阶级的分析，尤其是"有产"和"无产"阶级之间斗争的洞见深深地影响了许多社会学家，尤其是冲突理论家们。

- 社会学的 3 种主要理论视角：功能论、冲突论和互动论。

- 功能论观点认为，社会是一个复杂系统，它的各个组成部分协同工作，产生稳定和团结。根据这种思路，社会学应该研究社会各组成部分之间的关系以及这些部分与社会整体的关系。要理解社会，功能主义者主张应该同时注意结构和功能，结构即指社会的各个部分如何构成一个整体,而功能则指每个部分对社会有何贡献,所以,功能主义有时也被称为"结构功能主义"。默顿的功能主义主张影响尤其深广,他区分了显功能与潜功能,正功能与反功能。

- 20世纪初,冲突论观点认为,尽管现实生活中也会有联盟和合作,但更为根本的还是对权力的争夺。冲突理论家们注重考察强势群体与弱势群体之间的张力,并试图理解控制关系如何确立、如何维持。马克思的思想是冲突论的重要来源。

- 互动论也被称为"符号互动论",它关注社会的微观方面,研究人们在日常生活中如何交往,如何使这种交往产生实质性意义。互动论者强调,人们总是处在创造、改变自己的生活世界的过程中,并探索人们的动机、目标和理解世界的方式。乔治·赫伯特·米德被誉为互动论视角的奠基人。欧文·戈夫曼因"拟剧论"的互动研究法而广为人知。

思 考 题

1. 什么是社会学?社会学与常识有何区别?

2. 社会学有何用武之地?请举例说明。

3. 请列举3位早期社会学家的社会学主张,并说明其贡献。

4. 社会学有哪些主要的理论视角?各有什么特点?

5. 有人认为,社会学的不同理论视角之间是相互排斥的,你怎么看?

推荐阅读书目

1. 中共中央马克思恩格斯列宁斯大林著作编译局. 资本论(第一卷,第二卷,第三卷)(第2版). 北京:人民出版社,2004.

2. 侯钧生. 西方社会学理论教程(第三版)[M]. 天津:南开大学出版社,2010.

3. 邱泽奇. 社会学是什么[M]. 北京:北京大学出版社,2002.

4. [美]乔尔·M.卡伦,[美]李·加思·维吉伦特. 社会学的意蕴(第8版)[M]. 张惠强译. 北京:中国人民大学出版社,2010.

5. [法]埃米尔·迪尔凯姆. 自杀论[M]. 冯韵文译. 北京:商务印书馆,2008.

6. [德]马克斯·韦伯. 学术与政治[M]. 钱永祥等译. 桂林:广西师范大学出版社,2010.

第二章

社会学研究方法

　　今天,各种各样的统计数据和图表充斥着媒体,由于数字给人的印象具体直观,所以,让数据说话成为许多广告的常用手法。但是,广告中的数据可靠吗? 这些数据如何得来? 其抽取的样本是否能代表全体呢?

　　通过本章的学习,你将了解到社会学研究的一整套方法体系,了解实证主义和反实证主义、定性研究与定量研究,学习调查法、实验法、观察法和访谈法等社会学研究常用的方法;在社会学研究过程中,我们必须遵循社会学研究的伦理。本章的学习需要充分调动丰富的生活经验和理解能力,才能更好地掌握社会学研究的基本方法。

社会学小调查

定性与定量

　　人们在进行描述时,通常使用以下两种方式,你能看出这两种表述各有什么特点吗?

某人很有智慧	某人 IQ(智商)得分是120分
某人工作效率高	某人每天处理事务是普通员工的 3 倍
某人很有爱心	某人到目前为止累计捐款达 10 万元

第一节 社会学研究方法概述

社会学的魅力不仅体现在社会学拥有丰富的理论内容,还体现在社会学严谨而有趣的研究方法。

一、社会学研究的方法体系

社会学研究的方法体系自上而下可分为 3 个层次[1]:方法论、研究方法和研究技术。其中,方法论最为抽象,反映了社会学研究中的基本立场和基本观念,包括基本的理论假定、研究原则、研究逻辑等;研究方法是贯穿于研究全过程的程序与操作方式;而研究技术,是在研究的某一阶段使用的工具和手段。

(一)方法论

1. 实证主义和反实证主义[2]

社会学研究的方法论存在两种基本的倾向:**实证主义方法论**(Positivism Methodology)和**反实证主义方法论**(Anti-Positivism Methodology)。二者的最大区别在于是否主张人类社会与自然界之间具有基本的一致性。

实证主义方法论具有**科学主义**(Scientism)倾向,一直占据社会学研究的主流地位。实证主义方法论认为,人类社会与自然界具有基本的一致性,社会学应以外在的和客观的社会现象为研究对象。因而,通过具体、客观的观察和经验概括可以得出类似于自然规律的法则。定量研究是其典型的方法,例如问卷法和实验法。当你收到填写调查问卷的邀请时,你几乎可以判定研究者采用了实证主义的方法。

反实证主义方法论具有**人文主义**(Humanism)倾向,又被称为"人文主义方法论"。反实证主义方法论强调人类社会与自然界具有本质差别,认为人们对外部社会的理解会影响个体的活动。因此,在研究社会现象和人们的社会行为时,研究者要发挥自己的主观性,投入"理解",以此来探索复杂或不为人知的社会现象。定性研究是其典型方法,例如观察法和访谈法。当你被邀请参加座谈会、接受"采访"的时候,你基本可以断定研究者采

① 袁方.社会研究方法教程[M].北京:北京大学出版社,1997.
② 风笑天.社会学导论(第二版)[M].武汉:华中科技大学出版社,2008:293-294.
　 蔡禾,赵巍.社会学的实证研究辨析[J].社会学研究,1994(3):8-12.

用了反实证主义的方法。

实证主义和反实证主义主要是基本观念和原则的冲突，而在研究实施过程中则没有非常明确的界限。例如，在进行人口普查或社会经济调查时，研究者往往会在采取问卷调查的同时使用访谈法。

2. 定性研究和定量研究①

实证主义方法论具有科学主义倾向，重视"量化"，其最典型的研究方式是**定量研究**（Quantitative Research）；而反实证主义方法论具有人文主义倾向，重视"质性"，其最典型的研究方式则是**定性研究**（Qualitative Research）。根据研究过程和研究资料的特征，从"质"和"量"的角度，我们可以将研究方法分为定量研究和定性研究，它们并不是具体的研究技术。

社会学研究中，定性研究与定量研究的区别常体现在数据精确程度的差异。"社会学小调查"的左侧是定性描述；而右侧则属于定量描述，尽管二者传达的信息类似。

日常生活中，很多描述都是定性的，例如，"他是好人"、"这个村庄很古老"。定性描述蕴含的意义丰富，又不可避免地存在主观和模糊的倾向。例如，"很有智慧"无从得知智慧的标准和程度。定性研究往往通过掌握个别的、深入的材料，运用归纳推论对研究对象做出性质上的判断，常用观察法和访谈法。

定量化常使我们的观察更加明确，易于对比和得出结论，并为数学化规律提供基础，但可能会错失背后的丰富意义，有时定量的描述也不尽准确，例如，并不能因为"捐款 10 万元"而断定"很有爱心"。定量研究往往运用"假设—检验"模式，通过掌握样本的数据特征对研究对象做出总体特征的判断，常用问卷法和实验法。

图 2-1　不是任何事物都适合量化

定性研究与定量研究各有优劣，二者相互补充，而不是简单的对立关系。一项成功的研究往往是定性与定量的完美结合。研究者需要根据具体的研究情境和议题选择合适的研究方式。一般的，定性研究比较倾向于个案式解释模式，注重"概念"，而定量研究则比较容易达到通则式的解释，注重"变量"。

（二）研究方法

社会学研究者通常会使用 4 种基本的研究方法：问卷法、实验法、观察法和访谈法。

问卷法通常用于收集较大群体的总体信息。实验法通过严格控制实验的条件，对变量间的因果关系进行精确评估。观察法则多是在日常生活的情境中进行研究。访谈法则主要通过与研究对象的对话而获得丰富的资料，解读研究对象言语背后蕴含的信息。

这 4 种研究方法反映了两种方法论倾向：以问卷法和实验法为代表的定量研究方式体现了实证主义方法论倾向；以观察法和访谈法为代表的定性研究方式体现了反实证主

---

① ［美］艾尔·巴比. 社会研究方法基础（第四版）［M］. 邱泽奇编译. 北京：华夏出版社，2010：21-22.

义方法论倾向。

（三）研究技术

研究技术处于社会学研究方法体系的最基础、最具体的层面,具有针对性、技术性和操作性的特点。研究技术是具体研究方法的重要组成部分。

问卷法的具体技术包括抽样方案、问卷设计、相关关系等;实验法的构成要素包括实验组与控制组、前测与后测、自变量与因变量、因果关系等;观察法和访谈法则注重讨论研究者的角色、投入理解等。

二、社会学研究的基本程序[①]

社会学研究的科学方法是指有系统、有组织的研究步骤,目的是要尽可能确保研究的客观性和一致性。社会学研究的基本程序是:定义问题,回顾文献,建立假设,研究设计、搜集与分析资料,形成结论(图2-2)。

第一,定义问题。任何研究的第一步都是清楚地陈述所要研究的问题,换言之,就是"定义问题"。例如,读书和收入之间有什么样的关系? 受教育程度与家庭经济能力是否相关? 社会学家通常提出事实性问题(或"经验性问题")和理论性问题。例如,"发生了什么?"是针对存在的现象和问题发问。又如,对"是不是因为学校课程设置的原因,导致女生的学习成绩总体优于男生"这一问题的思考。而理论性问题则是由事实到理论的发问,例如,"学校课程设置是如何导致女生的学习成绩总体优于男生的?"

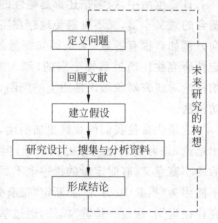

图 2-2　社会学研究的基本程序

第二,回顾文献。定义问题之后,需要查找以往相关的学术研究和资料,以整体把握研究问题的研究现状和存在问题,这一过程称为文献回顾。文献回顾既避免了与前人研究的重复,又为研究者建立研究假设提供了研究基础和灵感。例如,通过文献回顾,我们很快发现,除了受教育程度之外,还有其他因素也会影响个体的收入水平,富有的父母比较容易帮助他们的孩子找到较高薪资的工作。这样,我们对"读书与收入之间是什么样的关系"就会有更全面的了解。

第三,建立假设。文献回顾后,研究者会建立假设。**假设**(Hypothesis)是指针对两个或两个以上的变量之间存在的关系所做的推断性论述。**变量**(Variable)是指在某些条件

① ［美］理查德·谢弗.社会学与生活(插图第9版)［M］.刘鹤群,房智慧译.北京:世界图书出版公司,2006:36-43.

下会改变并且可以衡量的特点或特征,包括因变量和自变量。**自变量**(Independent Variable)是被假设为会对其他变量造成影响的原因变量;**因变量**(Dependent Variable)是会对自变量的影响有所"反应"的结果变量。我们可以做出假设:受教育程度越高的人收入水平会越高。要测量的自变量是教育程度,因变量是收入。当然,自变量与因变量之间可能是相关关系,也可能是因果关系。

第四,研究设计、搜集与分析资料。**研究设计**(Research Design)指的是以符合科学的标准来搜集资料的详细计划或方法。在研究设计环节,研究者会提出研究方法和资料的收集方案,通常采用调查、实验、观察或访谈等方法来获取研究的资料。

第五,形成结论。结论要么支持假设,即**证实**(Verification),要么不支持假设,即**证伪**(Falsification)。仍以受教育程度与收入水平的关系为例子,资料支持我们的假设。换言之,受过较长时间正式教育的人,经济收入水平也较高,高中学历的人比初中学历的人收入高,研究生的收入比高中学历的高。然而这种关系并不是绝对的,有些高中没毕业的人却有很高的收入,有些研究生毕业的人却只有很低的收入。社会学家一方面很关心从材料中发现的整体形态;另一方面也对例外的情况很感兴趣。有时候假设也会被推翻,即研究结果不支持原先的假设,因此,研究者需要重新考虑他们的结论。

三、社会学研究的基本伦理[①]

在社会学研究中,使用任何研究方法都会涉及研究伦理的问题。在实施研究的过程中,我们要在社会学研究伦理的约束下开展研究。

美国社会学协会(ASA)于1971年首次出版专业的社会学规范《伦理规约》(*Code of Ethics*)中提出了以下基本原则。

第一,维持研究的客观性和完整性。

第二,尊重被研究对象的隐私与尊严。

第三,保护被研究对象,使之不受到人身伤害。

第四,研究必须保密。

第五,参与研究或研究的行为涉及隐私时,需获得被研究对象的同意。

第六,要说明所获得的合作与协助。

第七,公开所有研究自己的来源。

韦伯(1904,1914)提出并呼吁的"价值中立",成为后来社会学研究者认同和遵循的研究伦理。**价值中立**(Value Neutrality)是指研究人员在诠释资料时所保持的客观性,即确保对资料的诠释不受到个人感受的影响。韦伯承认,个人的价值观对社会学家选取研究问题会有影响,但这不代表研究人员的感受应该影响其对资料的解释。价值中立意味着研究人员也有道德和义务去客观呈现和分析资料,并接受由此得出的研究成果,即使该结

---

① ［美］理查德·谢弗.社会学与生活(插图第9版)［M］.刘鹤群,房智慧译.北京:世界图书出版公司,2006: 51-55.

果与研究者的价值观、现存理论或是社会普遍接受的信仰有所冲突。例如,涂尔干提出自杀的社会决定论(而非超自然因素决定),就是在挑战当时的社会常识。

第二节
社会学研究的基本方法

在社会学研究中,调查研究可以分为问卷法和访谈法两种。人类学的"田野调查法"被引入社会学研究中,可以分为观察法和访谈法两种。定量研究一般以问卷报告、实验报告为主,而定性研究一般以民族志、田野调查报告的形式呈现。

本节主要从社会学研究的角度介绍常用的 4 种研究方法,即问卷法、实验法、观察法和访谈法。

社会学与生活

街头调查

我们大多都有"被调查"的经历,首先可能联想的是电视节目里的"街头采访"。今天,在街头巷尾遇到"街头调查"已经不是什么新鲜事儿了。"请问,可以耽误您几分钟的时间做一份调查问卷吗?"调查已成为了解事物的重要途径(图2-3、图2-4)。

图 2-3　街头问卷

思考:你觉得新闻里面的采访可靠吗? 为什么?

图 2-4　民生调查

一、问卷法

（一）什么是问卷法

问卷法（Questionnaire）也称为"问卷调查法"，是指运用问卷的形式系统地、直接地从一个取自总体的样本那里收集资料，并通过分析这些资料来认识社会现象的过程或活动。对于社会调查研究而言，问卷是获取信息的重要工具，问卷法是最常用的收集资料的方法之一。

问卷法的基本步骤是：确定调查总体、选择抽样方案、设计调查问卷、实施调查、汇总和录入数据、分析数据等。

（二）问卷设计的技巧

问卷调查主要分为两种形式：自填问卷和访谈问卷。自填问卷是由受访者自己填写问卷，包括邮寄问卷和电话问卷。访谈问卷即由调查员根据被调查者的回答填写问卷。

1. 问卷设计[①]

（1）问卷的结构

问卷的结构包括问卷名称、封面信、指导语（指导被调查者填写问卷的各种说明）、问题及选项等。封面信主要是简要说明调查的基本情况，包括调查者的身份、单位，调查的目的和意义，调查内容，调查对象的选取方法和对结果的保密措施。

（2）问题的类型

问题的类型一般分为开放式问题和封闭式问题。问卷调查多以封闭式问题为主，所以，问卷调查法一般归入定量研究的范畴。

开放式问题（Open-ended Question）就是我们平时所说的"主观题"，是指要求受访者针对问题做出自己的回答。比如，你可能问受访者"你感觉现在自己面临的最重要问题是

---

① ［美］艾尔·巴比. 社会研究方法基础（第四版）［M］. 邱泽奇编译. 北京：华夏出版社，2010：140-146.

什么?"然后给出一个空格,让受访者自己填写答案(或者请受访者口头回答)。

封闭式问题(Closed-ended Question)通常叫作"客观题",是指受访者需在研究者所提供的选项中选择答案。因为封闭式问题能够保证回答具有更高的一致性,从而比开放式问题更容易操作,所以它在调查研究中相当流行。封闭式问题的主要缺点在于研究者所提供的结构式回答可能错失问题未能涉及的信息。

(3) 问题的表述

第一,问题要简洁。为了获得明确、精准的答案,研究者有时会使用长而复杂的问题。试想,如果你是受访者,你愿意回答那些费尽神思才能理解的问题吗? 因此,我们需要提出简洁的、不容易引起误解的问题。

第二,问题要清楚。问卷中的问题必须清楚、明确。例如,"你如何看待他们提议的和平提案?"就可能引起受访者的困惑:"哪一个提案?"总之,问题必须清楚,受访者才能够准确地知道研究者问的是什么。

第三,避免否定性问题。问卷中的否定性问题极容易导致误解。当被问及是否同意"学生不应该在课堂上公开挑衅老师"这个陈述时,许多受访者都会忽略"不"字,做出回答。这样,有些受访者本来持反对意见,却可能选择了同意,反之亦然。这将增大调查结果与事实的差异。

第四,避免双重问题。研究者常常会问受访者实际上具有多重内容的问题,但又期待研究者会给出单一回答。你可能会问受访者,"你是否同意中国不得不施行计划生育?"尽管很多人会毫不含糊地"同意",而有些人则会"不同意",但是,还有一部分人则可能"不知道"。一般的,我们应该检查在问卷、问题中出现的词语是否隐含了多种含义。

第五,避免带有倾向性的问题和词语。在问卷中,倾向性(Bias)指的是鼓励受访者以某种特定方式回答问题的特性。例如,"难道你不认为计划生育是正确的举措吗?"这在明显暗示受访者应该回答,计划生育是正确的举措。

(4) 问卷的题量与顺序

问卷的题量要适当。一份问卷应该包括多少个问题,这要依据调查的内容、样本的性质、分析的方法、拥有的人力、物力和时间等多种因素来确定,没有统一的标准。一般的,问题不宜太多,问卷不宜太长,通常以回答者可以在30分钟内完成为宜。

问题的顺序要恰当。关于问卷中问题的顺序,有下列几条常用的规则:第一,简单易答的问题置于较难回答的问题之前;第二,被调查者熟悉的问题置于生疏的问题之前;第三,容易引起被调查者兴趣的问题置于容易引起紧张或顾虑的问题之前;第四,行为方面的问题置于态度方面的问题之前;第五,开放式问题置于问题的末尾。另外,涉及个人背景资料的问题根据问卷需要可放在最前或最后。

(5) 预调查

研究者通常容易出现这些错误:问题过于模糊,受访者无法回答,违背问卷设计的一些原则。避免这种错误的最有效办法就是对问卷(全部或者部分)进行预调查。比如,将问卷分发给你要调查的总体中的10个人。

2. 抽样方法

问卷调查法首先要确定**调查总体**(Survey Population),即所要研究的全体。根据样本与总体的关系,问卷调查可分为全面调查和抽样调查。

问卷调查要选取合适的样本,以样本的特征推论总体的特征,因此,样本的选择非常重要。**样本**(Sample)是经过选择用以代表所要研究的调查总体的有限数量的个案。

选择样本有一套严格的程序,选取样本的程序越完善,样本就越接近调查总体,运用样本所进行的归纳和预测就越准确。可能会由于样本抽样的问题出现偏差或误差。抽取的样本无法代表所要研究的调查总体,这种误差就是**抽样误差**(Sampling Error)。[①] 要获得较高的精确性,样本就必须要具有代表性。

具有代表性的小样本会比不具代表性的大样本更能说明问题。换句话说,如果样本具有足够的代表性,即使不调查全部研究总体,也能较好地反映研究总体的特征。例如,中国国家统计局通过考察 31 个省(区、市)共 500 个调查市县商品和服务的"菜篮子"来监控日用品价格。"菜篮子"这一精心选择的样本代表了整个中国的消费情况,由此得到的消费价格指数[②]结果表明其是对不断变化中的食品、住房、服装、运输、健康和娱乐等费用的精确测量。[③]

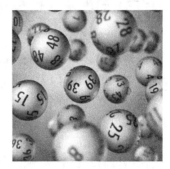

数字球的抽取是随机的,每个球被抽中的概率相等(图 2-5)。

在社会调查中,调查对象的选取是依据随机原则进行的,要求保证总体中的每一个成员都具有同等的被抽中的机会。常用的随机抽样方法有:简单随机抽样、等距抽样、

图 2-5　随机数字

分层抽样、整群抽样和多段抽样。在抽取样本的多种方法中,最简单的是**随机抽样**(Random Sampling)。运用这种方法可以保证调查总体中的个体都有同等机会被选为样本。研究者经常使用随机数——由计算机或随机数表所产生的随机数字——来决定总体中哪些个体被选为样本。

社会学之窗

样本是否公正地代表了调查总体[④]

缺陷样本的经典例子源自 1936 年《文学文摘》(*Literary Digest*)所做的一项民意调查。尽管这家著名的新闻杂志成功地预测了 1920 年、1924 年、1928 年以及 1932 年的总统选举结果,但他们的方法在 1936 年失败了。这一失败归结于杂志选取样本的方式。

多年来,这些民意调查从两个渠道选取名字:电话号码簿以及汽车注册名单。1936 年他们使用同样程度发送了 1000 万张选票。根据他们的回收,回应者超过

① [美]戴维·波普诺. 社会学(第十一版)[M]. 李强等译. 北京:中国人民大学出版社,2007:46.

② 消费价格指数,Consumer Price Index,CPI,也称为"居民消费价格指数"。

③ 我国居民消费价格指数(CPI)是如何调查和生成的,中国统计信息网,2010-11-30,http://www.stats.gov.cn/tjzs/t20101130_402686954.htm。

④ [美]戴维·波普诺. 社会学(第十一版)[M]. 李强等译. 北京:中国人民大学出版社,2007:49.

200 万人，《文学文摘》预测奥伏·兰顿（Alf Landon，1887—1987）将以 57％对 43％的选票击败富兰克林·罗斯福。然而他没有。罗斯福以 61％的选票获得了压倒性胜利。

填答问卷的人的来源暗示，抽样过程并没有考虑到贫穷者，他们无力支付电话费或者购买汽车。经济大萧条之后，这些人正是为罗斯福和他的新政复兴计划投票的人。

像这样的非科学民意调查进一步加深了公众对于民意调查的不信任。这种质疑反映在 1936 年盖洛普民意调查中。这项调查显示，大部分美国人（68％）并不认为一个由 1500 人或 2000 人组成的样本可以准确反映整个国家的意见。

（三）问卷法的优势与局限

1. 问卷法的优势

问卷法能够节省时间。在获得有关大量人口的准确性信息方面，没有任何一种技术会比调查法更管用，因为它在很短时间内可以调查很多样本的情况，节约时间。

问卷调查法的匿名性强。一般问卷调查不要求署名，大大减轻回答者的心理压力，有利于如实填答问题。

问卷调查法所得资料便于定量处理和分析。问卷一般以封闭式问题为主体，因而可以将所得资料转成数字，输入计算机进行定量统计和分析。

2. 问卷法的局限

问卷调查法获得的资料不够深入。有些人认为，由于大多数问卷调查所得到的回答相对肤浅，因此在运用调查法时，可能给那些准确性值得怀疑的结果赋予了一种精确的外表。所搜集的资料可能是肤浅的；如果调查问卷高度标准化，就可能忽略答卷者的观点之间的重要差异。答案可能是人们声称认为而非实际所认为的。[1]

问卷调查资料的质量常常得不到保证，可能出现错答、误答、缺答和乱答等不可控制的情况。被访者在填答有关他们自己的个人信息方面，一般都比较准确；而回答关于态度的问题时，其真实性较弱，或者说在他们的态度和行为之间可能会存在差异。例如，有种族偏见的人可能积极地推行种族歧视，但知道别人不赞成他们那么做，他们通常会不承认自己有种族歧视。一项成功的调查有可能揭示出这些隐性的态度，揭露其自相矛盾的地方。[2]

二、实验法

在社会研究中，如何通过控制环境，让实验告诉我们"自然的"人类行为呢？在完成了所有的实验步骤后，实验能够简单地告诉我们参与者的行为吗？社会学的实验如何进行？包括哪些要素？实验法的优势和局限又是什么呢？

---

[1] ［英］安东尼·吉登斯.社会学（第五版）[M].李康译.北京：北京大学出版社，2009：67.
[2] ［美］戴维·波普诺.社会学（第十一版）[M].李强等译.北京：中国人民大学出版社，2007：48.

（一）什么是实验法

实验法是自然科学研究的典型方法，它能清晰地说明事物之间的因果关系，因而被引入社会学研究中，但不是常用的研究方法。实验法一般采用定量研究，具有实证主义倾向。

实验法（Experiment）是指研究者通过有目的地控制或操纵某些条件，使一定的社会现象出现，从而揭示出事物之间的因果关系的一种研究方法。实验的基本目标是确定两个变量之间是否具有因果关系，其中原因变量称为"自变量"，结果变量称为"因变量"。研究者通过调节和控制自变量，观察其对因变量产生的影响，从而判断两个变量之间是否具有因果关系（图 2-6）。

图 2-6　实验

社会学实验类似于自然科学的实验室实验，注重对变量的控制。

在日常生活中，我们也会经常"做实验"。例如，在炒菜时，我们加一点盐，尝一尝；再加一点，再尝一尝。在拆除炸弹时，我们往往先夹住某根电线，看看会不会爆炸，然后再夹另一根。[1] 而社会学研究中的实验法对"自变量"进行控制与试验与它们是同一个道理。

举个例子，我们试图研究人们对农民工的偏见，并想找出解决办法。我们假设个体了解农民工对中国城市建设的贡献后会减少对农民工的偏见，由此设计一个实验来验证。首先，我们将特征相似的实验对象分成实验组和控制组，分别测出各组实验对象对农民工偏见的程度。然后，我们给实验组的实验对象放映一部描绘农民工对中国城市的经济、政治、文化和社会建设做出不凡贡献的纪录片，对控制组则不做任何举动。最后，我们重新测量实验组和控制组的偏见水平，看看这部影片是否有效果。[2] 如果实验组的实验对象对农民工偏见发生变化，我们就可以判断了解农民工的贡献有助于减少人们对农民工的偏见。

实验过程离不开对实验对象进行细致观察，因而实验法常与观察法结合起来运用。严格的实验研究通常在实验室内进行，也可以在现实社会生活中进行，前者称为"实验室实验法"，后者称为"自然实验法"或"实地实验法"，这是实验法的两种类型。

（二）实验法的基本要素[3]

作为一种特定的研究方法，实验有 3 对基本要素（图 2-7）。

实验组与控制组。**实验组**（Experimental Group）是实验过程中接受实验刺激的那一组对象。**控制组**（Control Group）也称为对照组，它是其他方面与实验组相同，只是在实验过程中并不给予实验刺激的一组对象。控制组的作用是向我们显示如果不接受实验刺激，那么实验对象将会是怎样的。

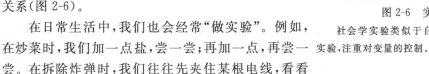

① ［美］艾尔·巴比.社会研究方法基础(第四版)[M].邱泽奇编译.北京：华夏出版社,2010：117.

② ［美］艾尔·巴比.社会研究方法基础(第四版)[M].邱泽奇编译.北京：华夏出版社,2010：18.

③ 胡俊生.社会学教程新编[M].武汉：武汉大学出版社,2010：59-60.

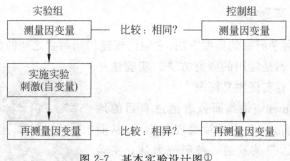

图 2-7　基本实验设计图①

自变量与因变量。在实验研究中,**自变量**(Independent Variable)又称为"实验刺激",而**因变量**(Dependent Variable)则往往是研究所测量的变量。实验研究的中心目标是探讨变量之间的因果关系,其基本内容是考察自变量对因变量的影响,即考察实验刺激对因变量的影响。

前测与后测。在一项实验设计中,通常需要对因变量(结果变量)进行前后两次相同的测量。第一次在给予实验刺激之前,称为**前测**(Pre-test)。第二次则在给予实验刺激之后,称为**后测**(Post-test)。因变量前后测之间的差异,被视为自变量的影响力。

仍以测量对农民工偏见的实验为例,偏见是因变量,而农民工城市建设贡献的认知则是自变量。自变量作为实验刺激分派给了实验组而非控制组。我们的假设认为,偏见在一定程度上依赖于对农民工城市建设贡献的了解,实验的目的在于检验这个假设的效度。因此,我们可以说,是看影片改变了偏见,或者说偏见减弱是观看影片的结果。

(三) 实验法的优势与局限

1. 实验法的优势

变量独立,因果推论。受控实验的主要优点在于把实验变量(自变量)与它带来的影响(因变量)分离开来。实验一开始就发现实验对象具有某些特征,经过实验刺激,发现他们具有不同的特征。只要实验对象未受到其他刺激,我们就可以认为,特征的改变归因于实验刺激。

容易复制。由于实验有一定的范围限制,省时、省钱,只需要实验对象重复做同一实验,研究结果的可重复性会让我们对其信度深信不疑。

实验过程严密。实验法使社会学家像自然科学家研究自然界一样精确地研究人的行为及其原因,促进了社会学研究从思辨转化为实证。

2. 实验法的局限

同自然科学相比,在社会学中运用实验法的范围相当有限。只有小群体的个体能被带进实验室情境,并且在这样的实验中,人们知道他们正在被研究,行为可能表现得不太自然。社会学家就把研究主体因为知道自己被观察而改变原本行为的现象称为"霍桑效应"。

---

① [美]艾尔·巴比.社会研究方法基础(第四版)[M].邱泽奇编译.北京:华夏出版社,2010:120.

　　20 世纪二三十年代,社会学家在西方电气公司(Western Electric Company)的霍桑工厂做了一项研究(图 2-8)。在该研究中,一组研究人员被任命设法提升劳工的生产力。研究人员操作变量诸如灯光以及工作时间等来观察这些改变对生产力的影响。他们很惊讶地发现,他们所作的每一项改变似乎都能提高生产力,即使是那些看似会有反效果的措施,比如,降低灯光亮度,居然也能够促进生产力。为什么工厂劳工在较恶劣的环境下,反而会更努力工作呢? 原来,研究者的密集观察以及劳工成为实验主角的新鲜感明显影响了劳工的行为举止。从此以后,社会学家就把研究主体行为中的这些变化被称为**霍桑效应**(Hawthorne Effect)。很显然,这样的实验并不能完全可靠地告诉我们"自然的"人类行为。社会学研究中的实验法也难以完全消除"霍桑效应"。

图 2-8　霍桑工厂工人与研究者

三、观察法

（一）什么是观察法

　　有时候,社会学家会"加入"一个团体一段时间以了解该团体是如何运作的,这就是所谓的参与观察法。美国的芝加哥学派,尤其是帕克(Park)[1]鼓励学生用观察的方法去研究 20 世纪二三十年代芝加哥持续变化的社会现象,这就促成了一个关于犯罪和越轨行为、种族关系和城市化的庞大研究体系。[2] 观察法是田野调查的一种,被广泛运用于人类学、民族学的研究中。

社会学之窗

参与观察：一种实地调查[3]

　　社会学学者和人类学学者运用参与观察的调查方法完成出色的研究。

　　美国人类学家玛格丽特·米德(Margaret Mead,1901—1978)于 1928 年出版《萨

---

　　①　罗伯特·以斯拉·帕克,Robert Ezra Park,1864—1944。

　　②　[英]迪姆·梅. 社会研究问题、方法与过程[M]. 李祖德译. 北京：北京大学出版社,2009：136.

　　③　蔡家麒. 试论田野作业中的参与观察法[J]. 云南民族学院学报(哲学社会科学版),1994(1)：52-56.

摩亚人的成年》一书,探讨了正值青春期的萨摩亚少女的性和家庭风俗,针砭美国社会对待青少年的方式,轰动一时。

"参与观察法"这个田野调查方法的创立,可以说是在一个比较偶然的机遇中产生的。1914年马林诺夫斯基在靠近新几内亚东南部的麦鲁岛做了半年的人类学考察,后又到距新几内亚东北约100英里的特罗布里恩群岛(TrobriandIslands)做了26个月的实地连续调查(图2-9)。马林诺夫斯基居住在岛民中间,学会了当地的语言,直接参与当地人的各种活动,仔细观察他们每天的生活,并试图按照当地人的方式来看待他们的社会和文化。马林诺夫斯基以自己在特罗布里恩群岛进行田野调查为例,叙述了他是如何开展参与观察的。"我

图 2-9　马林诺夫斯基

在奥马拉卡那的乞罗勃列安特岛站稳脚跟之后不久,就开始融入到村民们的生活当中。……我终于学会了怎样行动和表现,甚至在某种程度上,对于土著好的或不良的风习都产生了'感情'。这样,随着我得以参与进他们的群体,得以同他们一起游戏取乐,我终于逐渐感觉到现在确实已真正触摸到了土著。而只有这样,才是开展田野作业必备的初始条件。"由此,马林诺夫斯基创立了民族志参与观察法,通常能获得比其他研究方法更加丰富并且有深度的信息,促进了对社会过程更广泛的理解。[1]

自民族学传入中国以来,中国民族学工作者在实地调查方面取得了巨大的成就,积累了丰富的资料。从1936年开始,费孝通先生对江苏省吴县开弦弓村进行了实地调查,著有《江村经济:中国农民的生活》一书,被其导师马林诺夫斯基称为"人类学实地调查和理论工作发展中的一个里程碑","此书的某些段落确实可以被看做是应用社会学和人类学的宪章"。

思考:运用参与观察的调查方法可以开展哪些研究?

观察法可以分为"非参与观察法"和"参与观察法"。

非参与观察法(Nonparticipant Observation)又称为"局外观察法",即"冷眼旁观",最理想的状态是被观察者意识不到有人正在观察和研究他们,从而各种表现和活动更加真实。非参与观察法常用于研究儿童的行为或用于研究公共场合及公共闲暇活动中的人们,例如,对剧院、书店、体育场、商场、车站等地人们活动的观察。费孝通和王同惠在20世纪30年代对云南花篮瑶少数民族的调查就属于非参与观察,研究者只是如实记录各种事件,而不干预被观察事件的发展过程。

参与观察法又分为公开性参与观察和隐蔽性参与观察(图2-10)。相比非参与观察,参与观察更深入,能挖掘更多事件背后的丰富意义。**公开性参与观察**中,研究者的身份对所研究的群体公开,同时被这一群体接受。研究者就像所研究群体的成员一样,完全参与到事件中去。例如,怀特(Whyte)[2]《街角社会》(*Street Corner Society*)。**隐蔽性参与观察**

① 蔡家麒.试论田野作业中的参与观察法[J].云南民族学院学报(哲学社会科学版),1994(1):52-56.
② 威廉·富特·怀特,William Foote Whyte,1914—2000。

则要求研究者采取类似"特务"、"间谍"的角色,既使自己成为群体中的一员,又在不暴露真实身份的情况下进行观察和研究。严景耀先生扮成监狱犯人进行研究,但这会涉及道德伦理问题。①

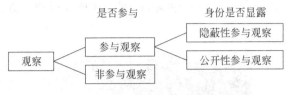

图 2-10　观察法的分类及其特征②

（二）参与观察法

参与观察法(Participant Observation)是指研究者进入观察对象的生活或工作场所,融入他所研究的社会情境之中并成为其中一员,在参与过程中观察研究对象的各种行为及其变化情况。在参与观察中,研究者与一个群体、组织或社群一起闲逛、工作或生活,可能还直接参与活动。参与观察法常常在探寻研究对象的深层思想意识和内部相互关系方面具有较大优势,它能让研究者在理解被研究者的社会情境的基础上认识他们的思想意识发展的轨迹。③

参与观察法作为一种重要的社会学和人类社会学研究方法,最早的范例当推英国人类学家马林诺夫斯基(Malinowski)④对澳大利亚特罗布里恩群岛土著居民的研究。

在公开性参与观察研究中,20 世纪 30 年代晚期,怀特的《街角社会》研究成为参与观察研究的典型范例。怀特为了进行研究,搬进波士顿低收入的意大利区居住。他在该区住了 4 年,并且成为他所著《街角社会》中"游民"社交圈的成员。一开始,怀特就向这些伙伴坦白了他的目的,接着渐渐加入他们的谈话,并且参与他们的休闲活动,比如说保龄球。他的目的是要能够深入地了解这些人所组成的社区生活。怀特从与该区领袖多克(Doc)的谈话中了解到一些"如果仅依赖访谈,我可能想都没想过要问的问题"。怀特的研究在后来变得极为重要,因为当时学术圈对穷人的了解非常有限,而且,资料都必须依赖社会服务机构医院或是法院的记录。⑤

（三）参与观察法的技巧

1."局外人":获得接纳、信任与认同

研究者可能因为是"局外人"而难以获得研究群体的接纳、信任与认同,从而在研究的进入阶段就遭受挫败。研究者对于研究群体来说,有时候像是"入侵者",可能遭到拒绝乃至驱逐。

---

①　风笑天.社会学导论(第二版)[M].武汉:华中科技大学出版社,2008:309.

②　风笑天.论参与观察者的角色[J].华中师范大学学报(人文社会科学版),2009(3):39-44.

③　郑杭生.社会学概论新修(精编版)[M].北京:中国人民大学出版社,2009:48.

④　布罗尼斯拉夫·马林诺夫斯基,Bronisław Malinowski,1884—1942。

⑤　[美]理查德·谢弗.社会学与生活(插图第 9 版)[M].刘鹤群,房智慧译.北京:世界图书出版公司,2006:46.

要进入研究群体,研究者必须非常有耐心、随和,并且对研究群体不具有威胁性。尊重观察对象的风俗习惯、道德规范,顺应观察对象的生活方式,有利于研究者获得接纳、信任与支持。研究者要深入观察对象的生活,积极参加观察对象的各项社会活动(图 2-11)。只有深入到观察对象中去,同他们相处和睦,研究者才能取得他们的信任,了解他们的所思所想。

图 2-11　田野调查

1978 年 7 月黄现璠(第一排穿黑衣者)带领学生赴广西凭祥、崇左、龙州、宁明等县进行人类学田野调查时,在宁明花山壁画前与当地学者合影。

2. "局内人":保持距离,避免过度认同

研究者也可能因为太过认同研究群体,以至于成为"局内人",而失去作为外部观察者的视角。假如希望研究获得成功,研究者必须避免因为自己与研究对象之间的亲近关系或友情而影响到研究对象的行为模式或整个研究的结论。参与观察法像是在"走钢索",研究者既取得观察对象的认同,也必须与观察对象保持某种程度的疏离。

如果你是参与观察者,你加入研究群体,也许会影响到研究结论的可靠性。无论采取或不采取什么行为,终将对观察对象产生一些效应,他们可能会修正他们的言论和行为,从而产生实验法中会出现的"霍桑效应"。

此外,参与观察的研究者还可能面临人身安全问题,例如,研究犯罪团伙的研究者可能被误认为是警方线人,或者无意中卷入同敌对团伙的冲突中。

(四)观察法的优势与局限

1. 观察法的优势

研究者可以到现场观察了解事情的来龙去脉,获得可靠的第一手资料,具有直接性。观察法能提供大量观察对象的行为以及这些人如何理解他们自身行为的信息。

应用观察法,研究者能充分挖掘研究内容和意义,对研究问题做出深入独到的解释。由于研究者深入现场,因而可以获得调查的具体细节,尤其是一些书面不便表达的数据材料,经过研究者的细心观察了解,可以从中获得,具有具体性。[①]

2. 观察法的局限

观察法只能用来研究相对较小的群体或社区。人类社会中有许多现象不适宜或者不可能进行实地研究,特别是涉及人的隐私行为,例如,夫妻间的吵架或亲密行为。观察法无法研究事物或现象在长时间内发展变化的历程或趋势,研究者无法跟踪一个人的生活来研究他的成长史,也无法亲身经历一种文化去研究其文化的变迁。[②]

四、访谈法

(一)什么是访谈法

访谈法(Interview Method)也称为"访问调查法",是研究者通过口头交谈等方式向受访者了解社会实际情况或探讨社会问题的方法(图2-12)。

根据不同的标准,访谈法有不同的分类。根据访问内容的不同,访谈可分为**结构性访谈**(或称为"标准化访谈法")和**非结构性访谈**(或称为"非标准化访谈法");根据访问方式的不同,访谈可分为**直接访谈法**(如面对面交谈)和**间接访谈法**(如电话或书面)。[③] 根据访问对象的多少,访谈可以分为**集体访谈法**(如座谈会、调查会)和**个别访谈法**。[④]

访谈的过程大体上可以分为准备访谈、进入访谈、控制访谈、结束访谈等阶段。

图2-12 访谈

深度访谈(Depth Interviewing)是社会学研究中获得信息和资料的重要途径。交流与沟通的必要方式就是深度访谈,也就是与调查对象像交朋友、深入谈心。深度访谈一般要有选择地进行,要根据研究的主体选择有典型意义的对象来与之交流、建立感情,以达到深度交谈;有时选择当地的知情人士或所谓的"明白人"作为深度访谈的对象,对研究可能有较大帮助。深度访谈的结果可以写成民族志。民族志的特点是以描述、纪实的手法为主,以展示研究对象的整体特征和活动全过程为目的,向人们勾画出特定社区和人群的文化图像,例如,费孝通的《江村经济》。[⑤]

(二)访谈法的技巧

一般来说,社会学研究者采用非结构性访谈来达到深度访谈的目的。结构性访谈受限于已经设计好的访谈问卷的结构,研究者以同样的方式询问同样的问题,而非结构性访

---

① 吴增基等.现代社会学[M].上海:上海人民出版社,1997:386.

② 李宁.社会学概论[M].合肥:安徽人民出版社,2007:411.

③ 胡俊生.社会学教程新编[M].武汉:武汉大学出版社,2010:67.

④ 风笑天.社会学导论(第二版)[M].武汉:华中科技大学出版社,2008:306.

⑤ 郑杭生.社会学概论新修(精编版)[M].北京:中国人民大学出版社,2009:49.

谈则是研究者根据大致的研究计划,在访谈过程中由研究者确立与受访者的对话方向,针对受访者提出的问题加以追问,从而开展访谈活动。这无疑对研究者提出了较高要求。

1. 访谈者的角色[①]

在访谈中,作为研究者的你既是"游人",也是"矿工"。

你是"游人",就可以与当地居民友好相处,并提出问题引导受访者说出自己生活世界中的故事。此时,你似乎是一个"无知者",即使是最浅显的一面也需别人的援助,像一个学生向受访者虚心讨教。

与此同时,你又是"矿工",当发现受访者身怀特殊信息时,你的工作就是挖掘它。当然,前提是你必须相当熟悉访谈的问题,以便能顺利自然地开展访谈。

2. 聆听与追问

在访谈中,你必须同时聆听、思考和谈话。在实际的访谈过程中,你所提出的问题应在设计好的基础上根据谈话内容有弹性地变动。由最初的问题所引发的答案可以形成其后的问题,在这种情况下,只问事先构思的问题并记录答案是没有用的。你必须发问、聆听答案,诠释它对研究的意义,然后更深入地挖掘之前的答案而建构另一个问题,或是重新将受访者的注意力拉回到与研究相关的议题上来。

学会巧妙地引导对话的走向,主动向受访者提出一些希望被解答的问题,而不是访谈信息的被动接受者。比如,要学会说:"这是怎么回事?"、"用什么方法?"、"你们这么说指的是?"、"能不能针对这点举个例子?"要小心一点,问题的措辞是非常需要技巧的,我们所问的问题常常导致答案的偏差。有时候,我们对受访者施加了一定的压力,使其因考虑各种社会期望或价值观而偏向较为积极正面的回答。

3. 提问与记录答案

在访谈中,把一切过程完整而真实地记录下来是很重要的。访问者应该在访谈的时候进行记录,若不可行,也应该在事后尽快地记下笔记。人类学家在进行田野调查的时候常常会形成研究笔记,例如,马林诺夫斯基在研究澳大利亚特罗布里恩群岛土著居民时,就曾写下人类学研究笔记,成为后世珍贵的资料。

每天的回顾记录也是非常重要的。要清楚你已经观察到了什么,更要明白你研究的情况,并找出你在进一步观察时应该多注意的地方。你必须以同样的方法回顾你的访问记录,找出所有你该问而没问的问题。

(三)访谈法的优势与局限

1. 访谈法的优势

弹性是访谈研究的一项优势。在这一过程中,你可以随时修正自己的研究设计。较有经验的研究者除了能够搜集一些预先设想得到的资料外,还能"探询"受访者更深一层的感受与原因,深入地了解人们的经历、观点、情感、态度和价值观等。[②]

---

① [美]艾尔·巴比.社会研究方法基础(第四版)[M].邱泽奇编译.北京:华夏出版社,2010:197.
② [英]迪姆·梅.社会研究问题、方法与过程[M].李祖德译.北京:北京大学出版社,2009:111.

进行访谈可以保持调查资料的完整性,具有较高的回答率,能保证资料的较高质量。大多数情况下,人们可能会把问卷随手丢弃,但较难当面拒绝接受访问。

2. 访谈法的局限

访谈法的局限性在于费用高、时间长、匿名性差、干扰因素多等。

 # 本章要点

- 社会学研究的方法体系自上而下可分为 3 个层次:方法论、研究方法和研究技术。
- 实证主义方法论和反实证主义方法论是社会学研究方法论中的两种基本倾向。二者的最大区别在于是否主张人类社会与自然界之间具有基本的一致性。
- 定性研究和定量研究是根据研究过程和资料的特征从"质"和"量"的角度区分为不同的研究方法,并不是具体的研究方法。社会学研究中,定性研究与定量研究的区别常体现在数据精确程度的差异。
- 社会学研究者通常会使用 4 种基本的研究方法:问卷法、实验法、观察法和访谈法。
- 社会学研究的基本程序是:定义问题,回顾文献,建立假设,研究设计、搜集与分析资料,形成结论。
- 价值中立是重要的社会学研究伦理。
- 问卷法是指运用问卷的形式系统地、直接地从一个取自总体的样本那里收集资料,并通过分析这些资料来认识社会现象的过程或活动。问卷是社会调查研究中重要的获取信息的工具,问卷法是社会学研究中用于收集资料的最常用的方法之一。
- 实验法是指研究者通过有目的地控制或操纵某些条件使一定的社会现象出现,从而揭示出事物之间的因果关系的一种研究方法,实验法一般采用定量研究,具有实证主义倾向。
- 参与观察法是指研究者进入观察对象的生活或工作场所,融入他所研究的社会情境之中并成为其中一员,在参与过程中观察研究对象的各种行为及其变化情况。参与观察法常常在探寻研究对象的深层思想意识和内部相互关系方面具有较大优势,它能让研究者在理解被研究者的社会情境的基础上认识他们的思想意识发展的轨迹。
- 访谈法也称为"访问调查法",是研究者通过口头交谈等方式向受访者了解社会实际情况或探讨社会问题的方法。

思　考　题

1. 有人认为,实证研究优于反实证研究,定量研究优于定性研究,你怎么看?
2. 社会学研究的基本程序是什么?
3. 怎么理解社会学研究中的"价值中立"?

4. 问卷调查法能等同于实证主义和定量研究吗？

5. 什么是"霍桑效应"？它说明了什么问题？

6. 如何理解在参与观察中,研究者既要当"局内人",又要保持"局外人"的身份？

7. 请举例说明访谈中"聆听"和"追问"的重要性。

推荐阅读书目

1. [美]艾尔·巴比. 社会研究方法基础(第四版)[M]. 邱泽奇编译. 北京:华夏出版社,2010.

2. 风笑天. 社会研究方法[M]. 北京:高等教育出版社,2006.

3. 谢宇. 社会学方法与定量研究[M]. 北京:社会科学文献出版社,2006.

4. 费孝通. 江村经济:中国农民的生活[M]. 戴可景译. 上海:上海人民出版社,2007.

5. [美]威廉·富特·怀特. 街角社会[M]. 黄育馥译. 北京:商务印书馆,2005.

6. 丛书推荐:"万卷方法"书系,重庆:重庆大学出版社。

第三章

文 化

今天，研究人员发现，我们的近亲黑猩猩有着超越人类的瞬间记忆力，它们过着群居生活，善于模仿，会使用工具。那么，我们是否可以认为黑猩猩也拥有文化呢？此外，为什么有些人严格遵从主流文化，有些人却拒绝主流文化？这些丰富多彩的文化现象都等待着我们去探索和解读。

通过本章的学习，你将了解在社会学视角下，什么是文化、文化由哪些要素构成、文化是如何影响人类以及人类又是如何塑造文化的。在这一过程中，你还将学习如何对待丰富多彩的文化现象。最后，透过文化分析视角，我们将一起探索文化的普遍性、多样性和变迁性。

第一节 文化概述

　　人类与动物的重大差别在于人类拥有丰富的文化。黑猩猩通过学习也能够使用简单的符号，但它们无法像人类一样拥有庞大的符号系统。人类可以建立官僚组织、制造电脑、创造艺术，而黑猩猩却不能。

一、什么是文化

　　究竟什么是文化？英国著名文化人类学家泰勒（Tylor）[1]指出："文化或者文明是一个复杂的整体，它包括知识、信仰、艺术、伦理道德、法律、风俗和作为一个社会成员的人通过学习而获得的任何其他能力和习惯。"[2]因此，在社会学看来，**文化**（Culture）是人类群体或社会共享的成果，这些共有产物不仅包括价值观、语言、知识，而且包括物质对象。当我们谈论流行音乐、印第安人的祈福、金字塔和意大利面时，都是在谈论文化。我们无时无刻不浸润在文化中，接触文化，应用文化。

　　文化具有丰富的内涵，它反映我们日常交流的形式。我们知道正式的邀请与随口的寒暄是不同的；我们明白参加结婚庆典应携带贺礼；我们也懂得对别人的帮助应表示谢意。这些看似寻常的礼节都是文化的产物。事实上，教育方式、家庭形态、节庆礼仪、交流习惯以及文化的其他层面都是人们在社会中习得的，都烙上了自己所属社会的烙印。

　　每个社会都有自己的文化形态，文化借由社会而传承。还记得消失的"玛雅文明"吗？正是社会的断裂，造成了文化的终止。我们常谈传统文化的传承，就是担忧传承的失败造成文化形态的流失。反之，一个社会如果没有属于自己的文化，也就无法维系。

　　当然，文化形态会随着社会的发展而发展。比如，对女性地位认识的变化。现在，女性可以走出家门，承担各种社会责任，甚至会有出色的表现。事实上，我们所感知的各种文化形态都在发生变化，教育、女性地位、娱乐方式、交通运输、制度形态和意识观念等都发生了变化。文化变迁是一种普遍的社会现象。

---

　　① 爱德华·伯内特·泰勒，Edward Burnett Tylor，1832—1917。
　　② 王思斌.社会学教程（第三版）[M].北京：北京大学出版社，2010：36.

社会学之窗

纳西族的走婚①

世代居住在丽江泸沽湖畔的摩梭人是纳西族的一支,被誉为"东方女儿国",那里至今仍保留男不娶、女不嫁的走婚生活(图3-1)。

走婚是摩梭人的一种婚姻模式。摩梭人是母系社会,在日间,男女很少单独相处,只是在聚会上以舞蹈、歌唱的方式对意中人表达心意。男子若对女子倾心的话,在日间约好后,会在半夜的时候到女子的"花楼",传统上会骑马前往,但不能从正门进入花楼,而要爬窗,再把帽子之类的物品挂在门外,表示两人正在约会,叫其他人不要打扰。然后在天不亮的时候就必须离开,走时可由正门离开。

图 3-1 纳西族男子月下传情

摩梭人除了少数因为要增加家庭劳动人口而娶妻或招婿外,基本上没有婚姻制度。走婚是情投意合的男女通过男到女家走婚维持感情与生养下一代的方式。由于母系社会女性当家,因此,所生小孩归母家抚养,生父会在满月酒时公开举办宴席,承认彼此的血缘关系,避免同父乱伦。男性称情人为"阿夏",女性称情人为"阿注"。男女双方一生可以结交多个阿夏或阿注,但不可同时结交两个,只有结束了一段关系后,才能结交另一个。双方自愿结合,离散自由。家庭成员的血统完全以母系计算,财产按母系继承。这种家庭的特点是家庭中无翁婿、婆媳、妯娌、姑嫂等关系,家庭权力分工形式为舅掌礼仪母掌财,家庭人口一般在20人左右。

思考:运用你的社会学想象力,试比较纳西族的走婚文化与现代婚姻文化的异同。

二、文化结构

文化的含义告诉我们,文化有众多的形态和面向。那么,我们先来探讨文化的纵断面,即文化所特有的体系。这些体系表现出不同的层次,就是**文化结构**(Cultural Structure)。

(一)文化特质

文化特质(Cultural Trait,又称为"文化元素")是指一种文化区别于其他文化的最小

---

① 杨云鹏等.每天读点社会学大全集[M].北京:中国华侨出版社,2011:15-16.(有删减)

图 3-2　文房四宝

单位。社会生活中,文化特质常常反映人们的行动特色。例如,中国的筷子,日本的和服,陕北的窑洞。每种文化特质可以独立表达某种意义,反映一个社会的文化特色。当然,文化特质仅是社会学研究的一种特定分析单位,界限是相对的。"中国传统文化中物质文化的特质有:象形字(汉字)、纸、墨、笔、砚(图 3-2),乐器中的编钟、笙、瑟、琵琶等,建筑中的大屋顶建筑及各种象征物等。"[①]

(二)文化丛

功能相关的文化特质结合在一起就组成一个**文化丛**(Cultural Complex)。比如,贴春联、挂红灯、除夕守岁、吃年饭和拜年这些文化特质共同构成了一个文化丛,即春节习俗。它们共同表达了人们对新年的期待和团聚的喜悦之情。当然,不是任何文化特质相互结合都可以构成文化丛,拜年和吃月饼就不能构成一个文化丛。只有功能相关的文化特质才可以结合成一个文化丛。

图 3-3　端午节龙舟竞渡

在南方,端午赛龙舟是代代相传的文化习俗和文化活动(图 3-3)。龙船竞渡前,先要请龙、祭神。例如,广东龙舟,在端午前要从水下起出,祭过在南海神庙中的南海神后,安上龙头、龙尾,再准备竞渡。并且买一对纸制小公鸡置龙船上,认为可保佑船平安(隐隐可与古代鸟舟相对应)。闽、台则往妈祖庙祭拜。

(三)文化模式

文化模式(Cultural Pattern)是指一个社会中所有文化内容(包括文化特质和文化丛)组合在一起的特殊形式和结构。它反映了一个地区或民族文化的特殊性。社会学和人类学在两个层面上理解文化模式。第一种关于文化模式的理解强调不同民族文化的本质性区别,不同民族(族群)都有自己独特的文化模式。例如,美国文化、中国汉唐文化和印第安人文化都有各自的特殊性。第二种关于文化模式的理解主要从功能角度出发,强调任何文化体系关于文化模式的研究都具有重要的意义,文化模式虽有各自的特点,但也有共性。这种文化模式更多地表现为普遍的文化模式,存在于所有社会的文化形态之中。对此,我们将在探讨文化的普遍性时进一步介绍。

---

① 　郑杭生.社会学概论新修(第三版)[M].北京:中国人民大学出版社,2002:71.

三、文化要素

文化的结构,让我们了解到文化的层次。接下来,我们要探讨文化的组成部分,即文化要素。我们发现,文化各要素之间不是非此即彼的关系;相反,它们之间存在着各种关联。

(一)符号

文化的存在取决于人类创造和使用符号的能力。**符号**(Symbol)是指一群人所认可的任何能有意义地表达其自身之外事物的东西。文字、语言、数字、握手、国旗和衣服上的logo 都是符号。它们都代表了自身之外的事物(图 3-4、图 3-5)。

图 3-4 彰显中国元素的
北京奥运火炬

符号有时很简单,比如,"五星红旗"代表中华人民共和国,而"Panasonic"是指称日本松下产品。符号有时也可以帮我们理解诸如"神"、"爱情"、"正义"、"和平"等抽象概念。以"爱情"为例,西方以"丘比特之箭"来代表爱情那种神奇、偶然的吸引力;而中国古代则以月老的"红线"来隐喻缘分的神奇,被红线牵连的男女必会成为夫妻。戈夫曼指出:"符号不仅代表了某种事物,而且也暗示了对象征事物的态度。"①举例来说,我们常以白色代表"纯洁"、"光明",而以"黑"代表"邪恶"、"坏"。美国研究者发现,这对白人和黑人看待自己和观察对方的方式造成了影响。

图 3-5 中国文化符号异彩纷呈

---

① [美]戴维·波普诺.社会学(第十一版)[M].李强等译.北京:中国人民大学出版社,2007:76.

语言(Language)作为最重要的符号系统,是指人们所使用的口头和书面的言说方式。通过语言,人类文化得以传播和积累;通过语言,我们之间的交流变得简单;人类还通过语言去观察和理解日常生活和世界万物。可以说,我们的生活不能缺少语言。

通过对语言内容的观察,我们可以发现语言背后的社会文化环境。例如,北加拿大阿奴族有14种关于"冰"的语言,他们居住在极寒地区,日常生活多与冰有关。与此相对,生活在撒哈拉沙漠边缘的阿拉伯人则拥有众多沙子方面的词汇,而不是"冰"。有些词语为某些文化或群体所特有,"阴阳"、"太极"就为中国文化所特有。现在,年轻人发明了愈来愈多的网络词汇,许多已为网民所共享。

美国心理语言学家萨丕尔(Sapir)[1]及其弟子沃尔夫(Whorf)[2]提出了著名的**萨丕尔-沃尔夫假设**(Sapir-Whorf Hypothesis),探讨语言与思维之间的关系。按照他们的假设,语言是人们将世界概念化的唯一途径,所有高层次的思维都依赖于语言。因此,文字符号和语言的语法帮助我们组织社会生活和世界。此外,萨丕尔-沃尔夫假设主张,语言不是"客观存在",而是取决于不同文化借由强调某些现象对社会实体所做的不同解释。[3]例如,在英语中,龙(Dragon)是邪恶的象征;《圣经》里,龙有硕大的蝙蝠翅膀,代表着恐怖和邪恶,希腊、北欧神话多有英雄屠龙的故事。而在中文里,龙乃万兽之首,由9种动物图腾组合而成,金黄色的皮肤代表着贵气和富足。因此,在跨文化交流中,有学者建议将中国龙的翻译改为"long",而非"dragon",因为当提到龙时,中国人与西方人想到的并不是同一个事物,看法也并不相同。当我们的语言设定:"黑与白、善与恶、朴素与奢靡、对与错"时,我们在思考事物时便也会陷入这种简单的"二元"判断中。换言之,从某种程度而言,语言塑造了我们理解世界的方式。

当然,我们也常使用非语言的沟通方式。**非语言沟通**(Nonverbal Communication)是指通过姿态以及脸部表情来沟通的方式。举例来说,简单的微笑、点头、哭泣、拥抱以及鼓掌都是非语言的沟通方式。卓别林(Chaplin)[4]的哑剧就曾应用肢体语言表达复杂的事件和情感,并获得了广泛的赞誉。我们熟知的京剧等剧种都蕴含着丰富的非语言沟通——脸谱、眼神、步伐和装束都有着不同的意义。和语言一样,非语言沟通在不同文化中也有不同的表现方式。

(二)价值观

什么是对,什么是错?什么是成功与失败?相信每个人都有自己的价值判断(图3-6)。同时,作为社会的一分子,我们也分享整个社会的价值观。**价值观**(Values)是一个社会中人们所共同持有的关于如何区分对与错、好与坏、违背意愿或什么符合意愿的观念。价值观通过符号系统传递给我们,我们可以通过神话、书籍、媒体、亲人甚至是日常的交流了解

---

① 爱德华·萨丕尔,Edward Sapir,1884—1939。

② 本杰明·李·沃尔夫,Benjamin Lee Whorf,1897—1941。

③ [美]理查德·谢弗. 社会学与生活(插图第9版)[M]. 刘鹤群,房智慧译. 北京:世界图书出版公司,2006:73.

④ 查尔斯·斯宾塞·卓别林,Charlie Spencer Chaplin,1889—1977。

图 3-6 东西方的龙文化

　　符号与特定的文化相契合,塑造我们对特定事物的观念。在西方,龙是邪恶力量;而在东方,龙是祥瑞的化身。

和学习一个社会的价值观。例如,传统社会强调"光宗耀祖"、"忠君爱国"的价值观,这不仅体现在学堂的教导中,还体现在父母的期望和邻里的评价中。

社会学与生活

剽窃论文折射出的价值观差异①

　　在英国剽窃别人的论文违反了关于个人成就、机会均等、努力工作和尊重规则等核心价值观。而俄国学生则会对他们的英国同学表现出来的气愤感到不解。互相帮助通过考试,反映了俄国人注重平等以及面对权威时,集体解决问题的价值观(图 3-7)。

图 3-7 剽窃论文

---

① [英]安东尼·吉登斯.社会学(第五版)[M].李康译.北京:北京大学出版社,2009:21.

思考：运用你的社会学想象力，试想自己对这个例子的反应，它反映你所在社会的价值观又是怎样呢？

价值观是一种行为尺度，它赋予个体行为以意义，也帮助我们去理解和评判他人的社会行为。在高度重视金钱的社会，个体获得经济上的成功代表着荣耀和成功，追逐金钱也被视为正当和合适的；对于崇尚"媒妁之言"的社会而言，"私订终身"就是可耻的行为。当然，并不是所有的个体都会赞同一个社会主流的价值观。因此，时有违反主流价值观的事例出现。同时，一个社会或群体内部的价值观也并非总是一致的。例如：有人崇尚理想，有人注重现实；有人信仰宗教，而有人则推崇科学。

可以说价值观与行为相互作用、相互塑造和相互影响。个体的价值观会随着社会变迁及人生经历的变化而变化；整个社会的某些价值观也会发生变化，但大多数价值观具有相对稳定性。例如，虽然中国人对"非婚同居"和"婚前性行为"的看法发生了很大改变，但"婚外情"却仍为大多数社会所厌弃。

社会学与生活

中国人的"面子"问题

林语堂在《吾国与吾民》中论述，中国人极爱"面子"，而且"面子"不同于西方人所言的"荣誉"。

思考：你是如何理解"面子"的呢？中国人爱面子在我们生活中有哪些表现？

（三）规范

公共场合禁止吸烟，学生穿着校服入校，"红灯停、绿灯行"，这些都是规范。**规范**（Norms）指社会所坚持的行为标准。为了使规范有意义，规范本身必须为社会的多数成员所熟悉且接受。因而，规范不会告诉我们偷窃合法、迟到合理。规范告诉我们什么事情该做，什么事情不该做；规范还告诉我们在什么场合和时间该如何做。饭前洗手、先到先得、排队候车和禁止杀人等都是社会规范的实例。

规范分为正式规范和非正式规范。**正式规范**（Formal Norms）通常有文字记载，违反会受到处罚，正式规范表现为法律和各种规章制度。**非正式规范**（Informal Norms）不一定有文字记载，却会为社会大多数人所认可和遵从。例如，禁止裸体出行，提倡"扶老携幼"。

规范也可分为民俗与民德。**民俗**（Folkways）是指导我们日常生活行为的规范。而**民德**（Mores）是指与一个社会福祉息息相关的规范，通常包含一个民族最珍视的原则。民俗和民德多具有地域特色，体现地方传统，对个体行为具有影响和塑造作用。"在东南亚的许多传统佛教地区，许多风俗都显示出男性的地位高于女性。在火车卧铺中，当男性睡在下铺时，女性一般都不可以睡在上铺；当医院有男性患者住在一楼时，女性患者通常不准住在二楼。"①民德既表现为提倡的形式，也表现为禁止的形式，通常具有较强的约束力。例如，"乱伦禁忌"就表现为禁止的形式。而民俗的约束力较弱，在不同地方会有一定区别。以"婚丧嫁娶"为例，尽管中国各地有着不同的要求，但你也可以有自己的选择。

社会学与生活

中国文化中的禁忌

我们知道中国人生活中有许多禁忌，例如，梨不能分着吃，筷子不能插在饭上，不喜欢 4 和 13，送礼不能送钟表、伞、扇，选号码很忌讳 4 这个数字，本命年要穿红。

思考：你还知道哪些禁忌？这些禁忌又反映了什么呢？

规范通常与社会文化环境、个体的社会地位以及个体所扮演的角色有关。以护士为例，我们称她们为"白衣天使"，规范要求她们以专业和负责的态度对待病人；对于官员，规范禁止他们收受礼物，但一般社会成员之间的礼物流通却很少受到指责。一个社会的规范通常反映价值观的要求。在以家庭为核心的社会，"孝顺"作为基本的规范指导和评判人们的行为，荣耀家庭、照顾家人成为每个家庭成员应尽的义务。

对于规范，人们并非全都接受。人们总是试图逃避规范的约束或者利用规范来为自己谋利。例如，即使社会禁止吸烟，许多青年还是试图学习吸烟。我们也知道网络交易在很长一段时间没有规范约束，为网络卖家逃避税收提供了可能。

社会学与生活

文身、人体穿孔

文身、人体穿孔曾被多种社会风俗所禁止，但现在却代表个性，成为年轻人模仿的非主流艺术（图 3-8）。这种情况传递了什么规范信息？

图 3-8　人体穿孔一度为社会风俗所禁止

图为保加利亚人 Genislav Naidenov 在 2010 年度保加利亚国际文身大赛上展示

---

① ［美］理查德·谢弗.社会学与生活（插图第 9 版）［M］.刘鹤群，房智慧译.北京：世界图书出版公司，2006：76.

他的文身和人体穿孔艺术。最近几年来,文身很受保加利亚青年人的喜爱,该国有许多专门从事此项艺术创作的工作室。

(四)奖惩

奖惩(Sanctions)是针对与某个与社会规范相关的行为所做的奖励或惩罚。服从规范可能得到奖励,比如,升职加薪,获得奖学金,公开表彰,得到鼓励。违反规范则会受到惩罚,这种惩罚可以是法律的形式,也可以是批评、罚款和停职等形式。相应的,违反正式规范会受到正式惩罚,例如,违反法律会受到严厉的惩处。而违反非正式规范时,惩罚则相对较弱,且形式多样。例如,对于不尽赡养义务的子女,可以诉诸法律惩处,但对于从不探望父母,只给予经济补偿的子女,社会却只能予以谴责。

(五)物质文化

人类通过改造自然、利用自然资源,创造丰富多彩的物质文化,丰富了人类的生活形态和制度建设。**物质文化**(Material Culture)是指一个社会普遍存在的物质形态——机器、工具、书籍、衣服等。物质文化反映人类的智慧,体现人类非物质文化的遗迹,书写着人类的思考,表达着人类的价值观、信仰和规范。无论是古埃及的金字塔、莫高窟的飞天,还是今天普遍使用的电脑、通信卫星都体现了非物质文化的精神和追求。

反之,非物质文化的因素也会适应物质文化的发展。特别是科技的发展,时刻都在要求非物质文化的改变。现代医学的发展要求我们重新审视很多问题,例如,克隆技术的发展推动我们重新思考生命。对癌症的研究也推动我们审视安乐死、器官移植等问题。随着电脑和网络的发展,我们开始生活在地球村中,文化的交流和传播都更加便利,如何规范网络的利用,如何看待文化差异、分辨信息,都对我们提出了更高的要求。

第二节
文化分析

为什么有些文化现象所有社会都有,有些文化现象却各有不同? 我们是如何看待遵从和违反主流文化的行为呢? 运用社会学的视角分析文化现象是本节关注的重点。

一、文化分析的视角

社会学中的**文化分析**是将文化作为整体来研究考察。因此,关于文化某些方面的研究并不算是文化分析。例如,我们下面将要探讨的亚文化、反文化。而要分析一个整体的文化,涉及的主要问题是确定其主流价值观和标准,观察这些文化如何在社会行为中得到体现,研究非物质文化与物质文化之间的动态关系。

文化分析者对"为什么文化的某些方面能够存在?"充满了兴趣,功能论者、冲突论者以及文化生态学者给出了不同的回答。

(一)功能论视角

功能论者认为,一个文化形态之所以存在,是因为它对社会履行了某种功能。功能分析法是文化分析中广泛使用的方法之一。马林诺夫斯基和布朗(Brown)[①]都是功能论的代表人物。

功能论者关心的是各个文化形态对文化整体的存在发挥了什么功能。例如,为什么许多社会都有家庭? 功能论者可能会回答:因为家庭承担着人口再生产、团结社会和经济生产的功能。又如,为什么多个古代社会都有"太监"(Eunuch)? 功能论者或许会回答:聘请没有性能力的太监服务宫廷,才能保证皇族血统的纯正,这符合以"血统"作为社会地位依据的文化需要。

关于文化,富有争议的功能分析就是甘斯(Gans,1971)所做的贫困研究。甘斯认为,贫困发挥了重要的社会功能,如果没有贫困人口,那么,一个社会的许多底层劳务就找不到劳动力。

尽管功能论后期的研究也关注文化的反功能、潜功能,然而,在冲突论者看来,功能论者仍无法解释很多文化现象。

(二)冲突论视角

冲突论者会质疑:"贫穷是阶级压迫和社会冲突的产物,而嬉皮(Hippy)文化正是对主流文化的挑战。"与功能论相反,冲突论认为社会充满了冲突,冲突无时无刻不在上演。冲突论假设,一个社会存在着,或者说也许存在着许多相互冲突的文化要素,不同的文化要素代表不同群体或社会阶级的利益(图 3-9)。因此,他们强调分析文化所反映的阶级、群体利益。

马克思指出,资产阶级的意识形态(Ideology)反映资产阶级的利益,与此同时,资产阶级意识形态也帮助压榨无产阶级的利益。后来的新马克思主义者卢卡奇(Lukács,1923)[②]和葛兰西(Gramsci)[③]进一步发展了马克思的意识形态观点。"葛兰西始终强调,国家支配的实现不仅要靠强制手段,还要通过说服和取得共识。"[④]正是意识形态上的领导权(共识),即由社会群体或阶级的某种成就,造就了统治的合法性。例如,对私有资产的保护、对个人努力奋斗的强调保护了有产者的利益,将现有的财产秩序合法化。卢卡奇则关注在商品的"物化"作用下,文化如何逐渐与人性分离,继而反过来压迫人性。"拜金主义"、"科技至上论"都是文化与人性分离的例证。

---

① 阿尔弗雷德·拉德克利夫·布朗,Alfred Radcliffe Brown,1881—1955。

② 乔治·卢卡奇,Georg Lukács,1885—1971。

③ 安东尼奥·葛兰西,Antonio Gramsci,1891—1937。

④ [澳]马尔利姆·沃特斯.现代社会学理论(第 2 版)[M].杨善华等译.北京:华夏出版社,2000:194.

图 3-9　同性恋权利运动

2010 年 12 月 4 日，菲律宾马尼拉举行同性恋大游行活动。他们
认为自己的性倾向应得到包容，并享受平等的法律保护。

冲突论视角也关注文化冲突在其他众多问题上的表现，例如，环保主义者与工业主义者之间、保守主义者与激进主义者之间、宗教主义者与非宗教主义者之间、文化中心主义者与文化相对主义者之间的意识形态冲突。

（三）生态学视角

生态学的方法强调环境与有机体之间的动态关系。文化的**生态学视角**（Ecological Perspective）动态考察社会资源、环境如何影响文化形态，反过来，文化又如何塑造环境，随着环境的变化而变化。

生态学的方法让我们学会不能孤立地看待文化，而应将文化与其所处的环境联系起来分析。居住在海岸的人们，由于海洋环境的影响，吃海鲜食品，祭拜海神，习水性，生性灵活。他们形成的文化也多有"开放性"、"商业性"、"征服自然"和"个人主义"的特性。而在游牧环境下，人们多居帐篷，逐水草迁徙，以牛羊为食，多用动物皮毛取暖，善骑射，性格多彪悍。我们发现，不仅经济活动易受环境的影响，文化习俗、宗教和艺术也深受环境因素的影响。

当然，生态学视角也只可以解释一部分文化特性，而对于诸如民主、制度建设等复杂问题的解释效力却相对较弱。

二、文化的普遍性与异质性

社会学家还关注其他文化现象，例如，文化的丰富多彩和异曲同工。

（一）文化的普遍性

除了看到世界文化多姿多彩，我们也发现，每种文化也有很多共通之处。人类学的研究表明，几乎所有的文化都具有相同的社会结构和文化意义基础，通常我们称之为**文化普**

遍性。① 例如,每种文化都有关于衣食住行、婚丧嫁娶的习俗。美国人类学家默多克(Murdoch)②就曾总结了近 60 种文化的普遍性,包括烹饪、劳动、民俗、丧礼、音乐、体育活动、医药和法律等。尽管每种文化关于"家庭"、"公平"和"法律"的定义可能不同,但它们却为每种文化所共有。

人类文化的普遍性多源于人类生理和社会生活的基本需求。我们都需要吃饭、穿衣,每个社会都需要延续后代、维持团结。因此,每个社会都会有家庭和婚姻制度,尽管每个社会家庭和婚姻制度的具体形式可能大不相同。例如,我们前文所介绍的纳西族走婚文化和母系家庭,就与我们现行的许多社会不同。

(二)文化的异质性

每种文化都有其特色。这些特色显现不同文化间存在差异。无论是自然环境还是社会因素都会对文化形态的差异产生重要影响。加拿大北部的爱斯基摩人(Eskimos)包裹着动物皮,吃鲸鱼的肉与油,用冰建筑房屋,他们居住在北极圈以内北冰洋沿海一带(图 3-10)。而在柬埔寨洞里萨湖(Tonlé Sap,高棉语为 Bceng Tonle Sab),当地人的一切生活需求都可以在湖上得到满足,湖上有学校、教会、流动菜市场、水上加油站和水上环保局等。今天,通过对技术水平、制度传统、宗教形态等社会因素的观察,我们发现,美国的欧洲移民与当地的印第安人仍然有诸多差异。

图 3-10　因纽特人的冰屋和洞里萨湖居民的水上生活

文化的异质性表现在不同方面,既可以表现为文化要素的差异,也可以表现为文化模式的区别。这些差异也许会使我们感到震惊,也许会让我们欣喜。但无论如何,正是这些差异使文化充满了魅力。

1. 亚文化

你是否参加过歌唱团体、体育社团? 或者你可能是某个交友群落、班级和校友群体的成员。在社会中存在着以各种职业或者群体为特色的群体文化。这些群体文化包含主流文化的某些特征,但又具有不同于其他群体的文化要素的生活方式时,我们常称这种群体文化为**亚文化**(Subculture)。与主流文化相对,亚文化属于非主流、群体的文化。我们可以将亚文化视为主流社会的子文化,现代社会中往往存在着许多亚文化。

---

① [美]戴维·波普诺. 社会学(第十一版)[M].李强等译. 北京:中国人民大学出版社,2007:89.
② 乔治·彼得·默多克,George Peter Murdoch,1897—1985。

亚文化以多种方式发展。亚文化的基础可以是区域(内蒙古自治区居民)、族群(美籍华人)、年龄(老年人)、职业(军人)、兴趣(足球爱好者)及信念(志愿者),这些亚文化大多具有主流文化的特色。以美籍华人为例,他们显然已经接受了美国文化的规范、价值观和语言,但他们仍具有不同于美国本土文化或美籍意大利人的特点——他们多居住在唐人街,与同乡保持紧密联系,过春节等。

以族群、宗教或者区域发展起来的亚文化常具有一定的稳定性,带有文化模式的特点。例如,伊斯兰文化、犹太人文化都具有鲜明的特色和稳定性。而青年群体的亚文化大多源于兴趣爱好或者对潮流的追逐。因此,青年群体的亚文化不仅丰富多彩,而且时有变化。比如,球友、歌唱团体、"拍客"和"驴友"多基于共同的兴趣。而对流行音乐、服装、发型的关注多与潮流有关,潮流往往因时代的变化而有所不同。随着电视、网络等大众媒体的兴起,媒体传播的亚文化开始对群体亚文化产生广泛影响。

社会学之窗

朋 克 文 化

朋克(Punk)是最原始的摇滚乐——由一个简单悦耳的主旋律和3个和弦组成,诞生于20世纪70年代中期,是一种源于60年代车库摇滚和前朋克摇滚的简单摇滚乐(图3-11)。朋克音乐不太讲究音乐技巧,更加倾向于思想解放和反主流的尖锐立场,这种初衷在当时特定的历史背景下,在英美两国都得到了积极效仿,最终形成了朋克运动。

图3-11 简单计划(Simple Plan)——加拿大流行朋克乐团

思考:运用你的社会学想象力试想,你知道哪些亚文化?你属于哪些亚文化群体呢?它们对你产生了哪些影响?

功能论者认为,丰富多彩的亚文化满足社会的不同需求,促进了社会的稳定与和谐。但冲突论者对亚文化的分析则主要考虑亚文化背后反映的社会利益冲突和不平等。以同性恋亚文化为例,同性恋亚文化的生成正是对异性恋主流文化的挑战,同性恋者的需求不应该受到异性恋主流文化的压制。

许多亚文化还会发展出一套属于自己的隐语。**隐语**（Argot）即只有他们才懂的专属语言。例如，间谍组织使用不同编码的暗语，用于传递信息、辨别身份。这些隐语将亚文化成员与其他群体区分开来（图 3-12）。例如，扒手集团、乞讨团队和同性恋者都有属于自己的隐语。互动论者认为正是这些语言和符号的使用使得亚文化群体成员建立了群体认同，形成了群体凝聚力。

图 3-12 摩尔斯电码——间谍的隐语

在电影《风声》中，周迅扮演的卧底将摩尔斯电码用针线缝补在旗袍上，通过对针脚的解读，才能理解其中的意思。

2. 反文化

当一种亚文化很明显且刻意地反抗主流文化的某些层面时，这种亚文化被称为**反文化**（Counterculture）。反文化常挑战主流的价值观、信仰、观念和规范等。美国加利福尼亚州立大学的历史学教授罗斯扎克（Roszak）[1]将"反文化"归结为 20 世纪 60 年代发生在美国社会政治、文化领域的一切青年人抗议运动，既包括校园民主运动、妇女解放运动、黑人民权运动、反战和平运动、环境保护运动、同性恋者权利运动等方面的政治革命，也包括摇滚乐、性解放、吸毒、嬉皮士文化及神秘主义和自我主义复兴等方面的文化革命。

反文化多存在于青年群体。例如，美国嬉皮士文化强烈反对美国社会业已确立的生活方式，鄙视人们对物质的无止境追求。随着社会多元化的发展，我国也出现了一些反文化的表现，例如，环境保护运动、妇女解放运动、同性恋权利运动和反智主义。**反智主义**（Anti-Intellectualism）怀疑知识分子，鄙视知识，反标准、反传统，宣扬知识对人类有害而无益。"读书无用论"便是反智主义在教育方面的表现。

自"9·11"事件后，全世界都处在由恐怖主义所构成的反文化潮流中。

社会学与生活

知识无用论

现在，中国许多大学的文科专业没有开设数学课程（图 3-13）。"没用就不学习，

---

① 西奥多·罗斯扎克，Theodore Roszak，1933—2011。

是知识无用论的变种,是失败的教育。"

图 3-13　到了大学,数学还有用吗?

思考：运用你的社会学想象力,试想你赞同上面的观点吗? 你是如何看待"知识无用论"的? 反文化在你身边还有哪些体现?

3. 文化震惊

处于一种陌生文化时,假如你感到失去方向、不知所措、不适应甚至害怕,那么,你可能正在经历**文化震惊**(Culture Shock)的过程。例如,当我们看到泰国苏梅岛上裸体日光浴的女子,可能会感到震惊;当我们发现俄罗斯人为庆祝东正教的主显节跳入冰冻的河水时,也许会对他们的庆祝方式感到疑惑。我们常常对自己不熟悉的文化现象感到惊讶,甚至困惑(图 3-14)。你很容易发现,那是因为我们对自己的文化已经习惯,因此感觉也自然而然,合乎情理。事实上,在别的文化看来,我们的文化也常奇异、怪诞。试想,当俄罗斯东正教的信徒看到我们对着佛祖虔诚敬香时,会有什么感受呢?

图 3-14　泰国克伦族的长脖子女孩

泰国北部长颈族有一传统习俗：女孩自 5 岁起就要戴起重约一千克的铜
圈,铜圈数量随年月递增。克伦族女人认为这种习俗完全可以接受。

随着全球化的发展,我们有更多的机会去接触和了解各种文化的差异和特色。因此,在经历相异的文化时,文化震惊的感觉正日益减少。

（三）对待文化差异的态度

1. 族群中心主义

游历他乡时，我们时常会观察和评价他人的行为和文化（图 3-15）。这些评判多依照自己的文化立场。当观察到的文化现象与自己所持的价值观、信仰一致时，我们更易肯定和赞扬；反之，也许会表现出震惊和否定。社会学家萨姆纳（Sumner，1906）[①]用**族群中心主义**（Ethnocentrism，又译为"种族中心主义"、"民族中心主义"、"种族优越感"、"民族优越感"等）一词来表示认为自己的文化与生活方式应该作为规范，并且自己的文化优于其他文化的倾向。有些现代人鄙视仍有图腾崇拜的土著人，这是族群中心主义。我国古代人视"天朝"以外的其他地方为"蛮夷"，也是一种族群中心主义的表现。

图 3-15 澳大利亚土著人用舞蹈欢庆国庆日

假如你深入到澳大利亚热带雨林的土著人居住区，你认为，采用文化相对
主义的观点，我们应该如何看待他们的文化？那么，族群中心主义的观点呢？

功能论者主张，族群中心主义的存在有利于维持族群内部的团结。每个国家都努力使自己的成员相信自己的文化优越而美好，进而使成员形成民族自豪感，自觉遵守相应的价值观和规范。这些维护了社会的团结和秩序，同时形成了民族向心力。民族文化也因此得以发扬和传承。

冲突理论家认为，族群中心主义的目的就是要贬低别的族群，不让他们获得平等的地位。族群中心主义常见于多民族或移民国家，美国至今仍有对有色人种的歧视。极端的族群中心主义常成为压迫其他族群的借口。例如，希特勒就曾以宣扬日耳曼人的优越性来提高自己的威望，并借此大举屠杀被他们视为劣等民族的犹太人。与此相对，犹太人却一直以上帝的选民自居。

2. 文化相对主义

随着各国之间交往的深入，我们也逐渐理解不同文化的特点和背景。社会学家、人类学家都自觉地避免族群中心主义所造成的研究偏见，试图以客观的标准来评判各种文化。**文化相对主义**（Cultural Relativism）就是用他人文化的观点来看待他人的行为。文化相对主义强调，不同的社会背景产生不同的文化。因此，检验伊斯兰社会的"一夫多妻"时，

---

① 威廉·葛拉罕·萨姆纳，William Graham Sumner，1840—1910。

必须先了解其中的社会背景。

文化相对主义也告诉我们，我们生活中的许多文化习俗都借鉴了其他文化的内容，波普诺(Popenoe)[1]介绍了许多起源于其他国家，却在各国都拥有的文化内容，例如，玻璃起源于古埃及，睡衣起源于东印度，咖啡起源于埃塞俄比亚，丝绸起源于中国，而火车起源于英国。今天，世界文化之间的依赖和融合不断加深，因此，以一种文化相对主义的态度来看待各文化之间的差异更利于彼此之间的交流。

媚外主义也是一种愈来愈普遍的现象，与族群中心主义相反，**媚外主义**(Xenocentrism)是指一种信仰，即认为自己文化的产品、风格及想法劣于其他的地区。比如，每天早上8点多钟，深圳湾口岸有上百名孩子排队等待过关去香港上学。这一独特的现象也反映出有些公民更认可香港的教育。

三、文化整合与文化变迁

随着社会的发展，价值观、规范、习俗、信仰也会不断变化。如何看待、应对变化，这是我们必须面对的问题。

（一）文化整合

一个社会的价值观、规范、习俗之间往往具有内在一致性。当文化要素之间具有逻辑上的一致性时，这个文化就体现了很高程度的**文化整合**(Culture Integration)。

文化整合既可以体现在相对有限的某些文化部分，也可以体现在文化的整体水平上。例如，基督教的原罪观念、救赎观、耶稣所说"人打你左脸，你就应送上右脸"的教义，这三者在逻辑上是统一的，它们都体现了基督教关于宽恕的核心价值观。一个追求图腾崇拜的社会强调对家族和神权的敬畏，因此，也必然会相信传统和权威而非科学。

当然，各文化要素之间也可能出现相互矛盾的情况。这种矛盾有多种原因。其一，可能是价值观与规范在某些情况下产生不一致。其二，外来文化的传播导致矛盾，这在全球化时代表现得更为明显。今天，发展中国家常呈现出外来文化与本土文化交织存在的情况。例如，中式婚礼掺杂着西式习俗。中国的青年人会庆祝西方的圣诞节和情人节，但也依然也会庆祝中国传统的春节、端午节和中秋节。与此相对，我们也会看到在世界各地举办的中国文化年、孔子学院以及庆贺春节的外国人。

因此，我们不难发现，文化整合对于当今发展中国家具有重大的意义。

社会学与生活

中西合璧的婚礼

今天，中国的新娘穿西式的婚纱、新郎着笔挺的礼服，喜迎宾客的祝福。他们会拍婚纱照、度蜜月。但依然保留中国传统的回礼、回门和置办嫁妆的习俗。

---

[1] 戴维·波普诺，David Popenoe，1932— 。

思考：如何运用文化整合理论来分析这种现象呢？

（二）文化变迁

通信技术、交通行业的发展使各种文化的传播和交流迅速而便捷，"地球村"的生活离我们越来越近。全世界各个角落的人们都可能随时探讨各种文化现象。

文化变迁（Culture Change）是指由于外来文化的扩散或文化内部的紧张与冲突而引起的一个族群文化的改变。外部文化的扩散拥有很强的作用，很多发展中国家的现代化进程都是由西方文化的扩散引导的，例如，中国就因西方主导的殖民化过程而迈向现代化。文化变迁的一个常见内部根源是革新，即新的文化特征——包括新的规范或新的人工制品的发展。[①] 例如，市场经济的确立对我国经济发展的推动。

地球村的生活使各国之间的联系和依赖更加紧密，越来越多的文化要素已经跨越国界。我们发现，不仅西方人，而且韩国人、中国人、越南人都在过圣诞节，英语也已经成为许多国家的第二语言。与此同时，许多国家内部的变化都能影响地球其他地方的生活，全球金融危机就是最好的例子。

社会学家奥格本（Ogburn,1922）[②]发现，各种文化要素在变迁时可能存一定的差距。他认为非物质文化往往比物质文化更不容易改变。因此，他使用**文化堕距**（Culture Lag，又译为"文化滞后"）来指称非物质文化对其所处的物质环境尚未完全适应的滞后时期。当考察互联网的发展历程时，我们很容易发现网络隐私权和审查制度远滞后于网络科技的发展。因此才会出现网络泄密、网络欺诈、"人肉搜索"和网络犯罪。

社会学与生活

民 族 风

在应对外来文化的扩散时，发展中国家常努力避免自己的文化被全盘西化，例如，"民族风"的服装、音乐家居装修就是一个典型表现（图 3-16）。

图 3-16 中国风家居装修

---

① ［美］戴维·波普诺.社会学（第十一版）［M］.李强等译.北京：中国人民大学出版社,2007：92.

② 威廉·菲尔丁·奥格本,William Fielding Ogburn,1886—1959。

思考：你如何看待全球化对自己文化的影响？有哪些外国流行文化是你所喜欢的？你知道哪些外国文化影响了你自己的文化？

 **本章要点**

- 文化是人类群体或社会共享的成果，这些共有产物不仅包括价值观、语言、知识，而且包括物质对象。
- 文化结构包括文化特质、文化丛和文化模式。
- 文化要素是指文化的组成部分，包括符号、价值观、规范、奖惩和物质文化。
- 社会学中的文化分析是将文化作为一个整体来分析考虑，涉及的主要问题是确定其主流价值观和标准，观察这些文化是如何在社会行为中得到体现的，研究价值观和观念是如何塑造物质文化，同时又为物质文化所决定的。
- 文化分析的视角包括功能论视角、冲突论视角和生态学视角。功能论关心各个文化形态对文化整体存在发挥了什么功能。冲突论认为不同的文化要素代表着不同利益群体和社会阶级的利益。文化的生态学视角动态考察文化特征如何被资源、社会环境所影响，以及它如何塑造环境，随着环境的变化而变化。
- 人类学的研究证明，几乎所有的文化都具有相同的社会结构和文化意义基础，通常我们称之为文化普遍性。每种文化也都有自己的特色，这些特色显现不同文化间存在的差异。
- 当一个群体文化包含主流文化的某些特征，但又具有不同于其他群体的文化要素的生活方式时，我们常称这种群体文化为亚文化。在某种程度上，亚文化可以被视为在主流社会中存在的子文化。
- 当一种亚文化很明显且刻意地反抗主流文化的某些层面时，这种亚文化被称为反文化。反文化多直指主流的价值观、信仰、观念、规范等。
- 当人们处于一种陌生的文化时，假如他感到失去方向、不知所措、不适应甚至害怕，那他就可能正在经历文化震惊的过程。
- 族群中心主义表示认为自己的文化与生活方式应该作为规范，并认为自己的文化优于其他文化的倾向。文化相对主义就是用他人文化的观点来看待他人的行为。
- 一个社会的各个价值观、规范、习俗之间往往具有内在一致性。当各个文化特征之间具有逻辑上的一致性时，我们就说这个文化体现了很高程度的文化整合。
- 文化变迁是指由于外来文化的扩散或文化内部的紧张与冲突而引起的一个族群文化的改变。
- 文化堕距指非物质文化对其所处的物质环境尚未完全适应的滞后时期。

思 考 题

1. 什么是文化？
2. 文化要素有哪些？请举例说明。

3．哪些亚文化曾对你造成了影响？请举例说明。

4．你是如何理解族群中心主义和文化相对主义的？

5．请运用"文化堕距"理论解释具体的社会现象。

推荐阅读书目

1．司马云杰．文化社会学(第五版)[M]．北京：华夏出版社，2011．

2．梁漱溟．中国文化要义[M]．上海：上海人民出版社，2011．

3．费孝通．乡土中国[M]．上海：上海人民出版社，2007．

4．[美]露丝·本尼迪克特．文化模式[M]．王炜等译．北京：社会科学文献出版社，2009．

5．[美]乔治·里泽．社会的麦当劳化[M]．容冰译．北京：中信出版社，2006．

第四章

人的社会化

　　我们都听过狼孩的故事，由狼哺育长大的狼孩重新回到人类社会后，不会使用人类社会的语言，也难以与人类交流。究竟是什么原因导致狼孩与我们有如此大的差异？社会学家发现，个体要成为社会的一员，往往需要一个互动和学习的过程，也就是"社会化"。

　　那么，社会化究竟是如何完成的？社会化有哪些途径？为什么通过社会化形成的我们各有不同？通过本章的学习，你将解开这些疑惑。你也将了解到，随着现代社会复杂性的增强，社会化不仅伴随着我们的童年时光，更贯穿我们的一生。最后，我们还会共同学习社会学家对社会化现象所做的精彩分析。

社会化概述

文化是丰富多彩的,我们每个人都烙上自己所属文化的烙印,这是社会化作用的结果。本章我们将学习社会学的另一个重要内容——社会化。

一、什么是社会化

在狼群中长大的人类幼童(狼孩)到底与我们有什么差别呢? 让我们先来回顾两个狼孩的事迹。1920 年,在印度加尔各答的一个山村里,人们发现了两个由狼哺育成长的人形怪物。其中,约 7 岁大的女孩被取名为卡玛拉,约 2 岁的女孩被取名为阿玛拉。后来,她们被送到孤儿院抚养。狼孩刚被发现时,尽管她们的身材和人类一样,但生活习性却和狼一样,她们用四肢行走,目光锐利,喜欢晚上活动,害怕火,喜欢吃肉,不管吃什么都是放在地上用牙撕开。阿玛拉到孤儿院后 1 年就去世了。而经过 7 年的教育,卡玛拉终于学会了 45 个单词,甚至能够勉强说几句话。她去世时已有 16 岁,但只有相当于 3 岁左右儿童的智力。

狼孩由于错过了最重要的社会化时期,即早期与人类接触和互动的机会,她们的智力和语言应用能力都与人类存在一定差异。她们在与狼相处的过程中学会了狼的语言、习性和互动方式。因此,她们可以成功地与狼交流,却无法与人类正常相处。研究人员发现,早期社会化对我们非常重要,人类大概有 6 年的时间处于依赖期,这甚至比有些生物的寿命还长。刚出生的婴儿如果没有父母或他人的帮助,几个小时内就会死亡,这不仅因为缺乏食物,还因为温暖、接触和情感的需求未得到满足。

社会学之窗

伊莎贝尔的故事

伊莎贝尔(Isabelle)1932 年出生在美国的俄亥俄州。因为祖父母以女儿生下私生女为耻,所以在伊莎贝尔出生后就将其藏起来。除了又聋又哑的母亲外,她出生后 6 年内很少与他人接触,一直生活在黑暗的房间。1936 年被发现时,她只能发出哇哇的叫声,而且不会使用语言,对待其他人就像动物一样,此时,6 岁的伊莎贝尔只表现出婴儿的成熟度。幸运的是,在研究人员的帮助下,9 岁时,她已经可以和其他儿童一样入学读书。

思考：从伊莎贝尔的故事中，你能得到什么启示？

社会化与人类的生物特征密切相关。在父母最初怀抱婴儿的那一刻，婴儿开始接触人类生存最基本的东西：食物、温暖和互动。这样的互动不仅满足了儿童生长发育的需求，还满足了儿童对情感的需求。伊莎贝尔的幼年在隔绝环境下度过，她无法接触外人，她的聋哑母亲与她的互动仅限于简单的几个动作，她也没有学习语言的机会。因此，伊莎贝尔的成长较迟缓，智力和感情表达能力都受到很大的限制。咿呀学语、蹒跚学步、微笑、生气都需要互动和学习。"爱"和"温暖"都是在与人类的情感互动中产生的。随着年龄的增长，个体对互动和情感的需求更为强烈。

社会学之窗

恒河猴实验

心理学家哈利·哈罗（Harry F. Harlow, 1959）发现，爱、情感可能和觅食一样是人类的基本需求。为了验证爱和依恋是幼猴的一种基本生理需求，哈罗设计了不同的母猴类型，包裹着绒布的妈妈和绑着奶瓶的金属丝妈妈。结果发现：除了需要吃奶的时间，小猴都选择待在绒布妈妈身边，受到惊吓时，小猴子也会跑向绒布妈妈的身边（图4-1）。

图 4-1　爱和依恋是基本的生理需求

哈罗的研究还为福利院等机构的工作提供了有益的启示，在这些机构，只照顾儿童的吃穿是不够的，还需给他们足够的情感安慰。

社会学家认为，**社会化**（Socialization）既是由"生物人"到"社会人"的过程，又是学习社会技能，形成独立人格的过程。狼孩就是一个典型的"生物人"，由于他们没有完成社会化，所以无法成为"社会人"。社会化让我们了解什么样的言行举止是合适的；使我们懂得他人对我们的期望，文化对我们的要求；教给我们各种社会技能，适应社会生活；使我们对自己和他人形成各种认知，塑造自我人格。

当然，社会化不只是一个被动内化社会价值、学习社会技能的过程。我们也拥有很多主动性,特别是当个体拥有一定的判断能力和价值倾向后,个体往往会按照自己的判断进行选择。

狭义的社会化研究的重点是个体由生物人转变为社会人的过程。这种研究主要以儿童为对象。广义的社会化指的是一个由生物人向社会人转变的过程,而且是一个内化社会价值标准、学习角色技能,适应社会生活的过程。①伊莎贝尔正是缺乏学习社会技能、内化社会价值标准的过程。因此,婴儿的咿呀学语、正规的学校教育,甚至监狱中的劳动教养都属于社会化的范畴。

社会化贯穿我们的一生,呈现多种形态。社会学家通常从3个角度来研究社会化。

第一,从个体与社会的关系角度,我们是以生物人的形式来到社会的,我们需要社会满足自己的各种需求;社会也需要我们的社会化,只有完成社会化,我们才能更好地融入社会生活。在这个不断融合的过程中,我们不断地减少自己的自然属性,增加社会属性。举个简单的例子,美国将英语作为国家的主要语言,它希望和要求自己的公民掌握英语;而普通的美国公民也必须掌握英语才能适应日常生活。

第二,从社会整合的角度来看,社会化的教育作用可以减少或者消除个体、群体与社会之间的分立状态,使他们之间相互协调,进而达到社会整合的目标。我们常说,文化之间的差异容易造成心理的隔阂,社会化的作用却可以增加彼此的理解,并试图消除隔阂。

第三,从角色扮演的角度来看,伴随着社会化,个体开始正式扮演各种角色,人格也趋于稳定。社会化就是角色(详见第五章"社会角色")学习的过程。我们的一生都在学习角色扮演。例如,我们由开始扮演儿女到扮演夫妻、父母的角色,直到扮演祖父母的角色,每一个过程,我们都需要不断学习。

二、社会化的分类

从社会化的含义,我们知道社会化会伴随我们的一生。那么,社会化究竟有哪些类型? 它们又分别出现在我们生命的哪个阶段呢?

(一)初始社会化

初始社会化(Primary Socialization),顾名思义指的是发生在生命早期的社会化。在这个阶段,儿童开始接触和学习语言、规范,开始融入社会。仔细想想,儿时的你是个听话的孩子吗? 你是否经常质疑父母的决定呢? 儿童更多的是接收来自社会的信息,这些信息多源于父母、亲人和老师。他们教我们语言,简单的动作,我们也开始模仿他人,识别周围的事物(图4-2)。

这时,儿童也开始拥有自己的小伙伴,并接触一些同辈文化,例,他们与幼儿园的其他儿童一起玩游戏,彼此分享东西。"研究表明,儿童在同辈群体中的交往对他们的成长产生了积极影响。"②

---

① 郑杭生.社会学概论新修(第三版)[M].北京:中国人民大学出版社,2002:82.
② [美]戴维·波普诺.社会学(第十一版)[M].李强等译.北京:中国人民大学出版社,2007:175.

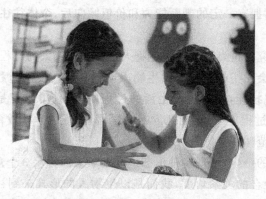

图 4-2　初始社会化对儿童成长非常重要

（二）预先社会化

预先社会化（Anticipatory Socialization）是指向未来角色的社会学习过程。这种社会化形式的特点是，人们学习的不是现在要扮演的角色，而是未来要扮演的角色。预先社会化多指青少年时期，特别是正规教育阶段。但我们知道，为扮演好人生的各种角色，我们一直处在预演阶段。例如，青少年群体不仅要为工作预演，还需为扮演夫妻、父母等角色预演。对于职业的准备是大学这个预先社会化场所的重要内容。这种预先社会化对每个社会都很必要，如果社会成员可以很好地掌握社会对各种角色的期待，对价值观及规范的要求，就会使整个社会更加有序。

想想，你是什么时候开始和父母顶嘴的？与初始社会化不同，青少年不仅会受父母和学校教育的影响，而且也会受到同辈群体及大众媒体的影响。当多种信息之间存在矛盾和冲突时，青少年内心会出现困惑和迷茫，这使青春期在很多人身上表现为"叛逆"。例如，父母或学校教育我们，抽烟和早恋并不合适，但大众传媒却可能传递给我们不同的信息。代沟问题也是青少年时期常见的交流问题。

（三）继续社会化

继续社会化（Continuous Socialization）是指成年人经过基本的社会化后，为适应社会文化环境，继续学习社会技能、文化价值观念的过程。这种社会化主要发生在成年时期。继续社会化表明社会化将伴随我们的一生。我们需要不断学习以适应社会生活的发展。例如，在电脑没有普及之前，大部分文件都不是由电脑存储和传送的。因此，许多成年人不会使用电脑。为适应办公文件的电子化，他们都需要重新学习电脑知识。但在电脑普及后，接受社会化的青年人，甚至有些儿童，却不用担心电脑操作的问题。

随着现代生活节奏的加快，许多人一生不止从事一种工作。面对每一份新的工作，都需要进行继续社会化；即使是从事过的职业，也需要不断学习。

各种培训

　　现在,许多人都选择各种培训,增加人力资本,比如,公务员考试、企业管理、外语、会计和漫画培训(图4-3)。

图4-3　人生中的各种培训

　　思考:你未来可能会参加哪种培训呢? 理由是什么?

(四)再社会化

　　你知道监狱服刑人员的社会化与我们有什么不同吗? 我们从初始社会化开始,不断适应社会生活,形成自我人格,但是,这个过程有时会被迫中断。**再社会化**(Resocialization)特指放弃先前的行为模式和价值观,接受新的行为与价值观的过程。特殊学校、监狱、劳改所、精神病院和军队等都是再社会化的场所。再社会化一般发生在越轨后,它是社会为纠正越轨,保证社会秩序再塑个体的价值观和行为。因此,不是每个人都需要进行再社会化。当然,军队也是再社会化场所,但不是为纠正越轨。

　　再社会化与继续社会化不同,再社会化的环境相对封闭,要求也带有强制性。而继续社会化具有一定的选择空间,强制力也较小。以成年人学电脑为例,他既可以选择自己学习,也可以在需要时找他人帮忙或雇佣助理。而被强制改造的监狱服刑人员必须完全接受监狱的管理,放弃原有的生活模式。因此,监狱是特殊的再社会化场所。

　　再社会化在一个完整制度的体系下会特别有效,即戈夫曼(1961)所说的**全控机构**(Total Institution)中,"全控机构用来表示实施制度的场所,例如,监狱、军营、精神病院以及女修道院,这些地方运用单向权力来规范人们的生活自由,因为这些机构通常与社会隔离,成为提供生活供给的唯一场所。"①军队管理就是为了把入伍人员变成标准的职业化军人。通过全控机构的管控,希望再社会化人员弱化原有价值观及行为模式,树立新的行为模式及习惯。

全控机构的特点

戈夫曼(1961)认为,全控机构有 4 个特点。

第一,生活中的所有面向被集中在同一个地方进行,并以单向权力进行管理。

第二,机构里任何活动都与其他相同"境遇"的人共同进行。

第三,规则的制定与活动时间表的安排并没有和参与者讨论。

第四,在全控机构里的所有生活面向都以满足机构为目标。于是,在修道院里,所有的活动都以祷告和与上帝沟通为中心。

思考:你认为全控机构会使个体丧失个性吗?你能忍受其中的生活吗?监狱能有效使服刑人员再社会化吗?试用戈夫曼全控机构的 4 个特点分析。

第二节
社会化的机构

我们都听说过"孟母三迁"的故事(图 4-4),孟子的母亲为了给孟子创造良好的环境,曾多次更换居住地点。对于个体的社会化,究竟是什么因素在起作用,即哪些个体、群体或机构对我们进行社会化呢? 前面,我们已经提到家庭、学校和同辈群体。接下来,我们将系统地学习影响社会化的机构。没有这些媒介,社会化便无法完成。

一、家庭

我们常说:"家是温暖的港湾",这体现出我们对家庭深深的依赖。家庭是个体出生后最早接触的社会化机构,也是最古老的社会化机构。因此,即使在其他媒介影响力不断增长的今天,家庭始终是最重要的社会化场所。社会化从家庭开始,家庭为我们提供食

---

① [美]理查德·谢弗.社会学与生活(插图第 9 版)[M].刘鹤群,房智慧译.北京:世界图书出版公司,2006:107.

物、安全和情感。也是在家庭中，我们开始分辨自己最初承担的社会角色，明白父母对自己的期望，学会分辨他人和社会的要求。

家庭是社会的缩影，对我们成长的各方面都产生了影响。第一，家庭的社会经济地位对个体在社会地位、交际范围、生活习惯、价值观念等方面产生影响。中国人常说"官宦世家"、"书香门第"和"寒门子弟"就是反映家庭对个体社会地位的影响。第二，家庭满足儿童的情感需求。在各种社会化机构中，家庭所能给予个体的情感交流和爱的体验应该是最多的。最后，家庭中父母权威的形式对儿童的自我认知也会产生一定影响。美国心理学家、社会学家鲍尔特温（Baldwin）[1]曾把父母对子女的教养态度分为专制型、溺爱型、放任型、民主型 4 种

图 4-4 孟母三迁

从社会化的角度应该如何理解孟母三迁的故事呢？

类型[2]，他认为不同的教养方式会对儿童性格产生不同的影响。

当我们了解家庭对儿童社会化所产生的影响时，也必须明白，儿童不只扮演被动的接受者角色，他们还是活跃的媒介，影响着他们身处其中的家庭、学校及社区。

然而，随着社会分工的细化，许多由家庭承担的职能开始转移到其他社会机构。早期家庭不仅承担着抚育子女的功能，还承担着生产功能、教育功能。现在，教育职能由学校承担，而生产职能则更多地转移到各类市场主体。简而言之，除家庭之外，其他社会化机构的影响力在不断增长。

社会学与生活

家庭对孩子的影响

回顾一下，你的家庭从哪些方面影响了你？父母对你的教养态度又是怎样的呢？反过来，你对家庭、学校产生过影响吗？举例说明。

二、学校

你是在哪里学会唱国歌的呢？很多人的答案也许是学校。到了一定的年龄，我们都会进入校园学习。因此，学校是除家庭以外最重要的社会化机构。仔细回想，你会发现，通过学校教育，你学会了国歌，掌握了基本的社会技能，也是通过学校教育，你积累了关于自己国家文化和历史的知识，开始懂得规则、权威、遵从、合作和理解。

学校是正式的社会化机构，有着明确的目标，即让普通成员接受本社会的价值观和行

---

[1] 鲍尔特温，A. L. Baldwin，1861—1934。

[2] 吴增基等. 现代社会学[M]. 上海：上海人民出版社，1997：130.

为模式。学校传授我们知识,教导我们是非标准,也会引导我们树立自己的价值观和目标。例如,老师会教导学生"好好学习"、"遵纪守法"、"正直善良",而不会鼓励学生"违法乱纪"、"打架斗殴"。学校是最重要的预先社会化场所,学校教育的过程不仅赋予了我们谋生的技能,也塑造了我们的价值观和处事方式。因此,学校教育对个体的社会地位和职业发展有着深远影响,常被视为"改变命运"的场所。

"学校氛围"、"师生关系"、"学校的空间布置"这些学校情境中以间接、内隐方式呈现的课程被称为隐性课程(Hidden Curriculum)。隐性课程主要包括以下 3 个方面的内容:第一,物质方面,主要指学校中的建筑物、设备、景观和空间的布置等。试想一个没有图书馆的学校会对学生产生怎样的影响? 第二,制度方面,主要指学校的组织制度、评价体系、利益分配制度等。在许多学校,主要的决策都由老师决定,学生会养成积极主动的习惯吗? 第三,文化、心理方面,主要指师生关系、同学关系、校风、教师的行为风范等。我们常说,"某个学校的学习氛围好",主要指的就是学校的文化环境。总之,这些都不可避免地对学生的社会化产生影响。显性课程和隐性课程比较见表 4-1。

表 4-1　显性课程和隐性课程比较

内　容	特　点	内　容
显性课程	计划性 主要通过课堂传授 学习结果的学术性	正式课程内容
隐性课程	非计划性 主要通过学校文化环境传递 学习结果的非学术性	非课程内容

因此,在功能论者看来,学校完成了教化学生,内化社会期望的功能。但冲突论者却认为,学校也加深了阶层之间的隔阂和固有的文化偏见。以上大学为例,随着"城乡二元化"的不断加深,那些经济困难、没机会攻读大学的农村孩子可能因此难以获得好的工作机会和社会地位。又如,各种成绩和"隐性课程"把学生分为不同的等级影响着学生的自我评价。

在中国,伴随着家长对孩子早期教育的重视,以及女性开始普遍走向工作岗位,越来越多的职业女性在儿童早期教育方面面临两种选择:第一,将儿童送入幼儿园接受集体化的教育,许多儿童 3 岁之前已经进入全日制幼儿园学习;第二,交给儿童的祖父母照顾,这部分儿童有时也会较早进入幼儿园。这样,幼儿园和祖父母承担了大部分儿童早期教育和抚养的社会化职责。

社会学与生活

学前教育能否取代家庭早期教育?

关于学前教育的研究重点在于学前教育的质量和收费问题,也有一些国家已经开始实行免费的学前教育,但大部分的国家学前教育仍需收费(图 4-5)。

图 4-5　学前教育

思考：你觉得将 3 岁儿童送入幼儿园合适吗？交给祖父母抚养呢？对于学前教育，你认为它的成本应该由政府、社区，还是完全由父母来负担？

三、同辈群体

当我们进入学校时，我们也同时进入了另一个社会化机构，即同辈群体。所谓**同辈群体**（Peer Group），是指年龄大致相仿，有着类似社会地位的一群人。同辈群体的成员不一定是朋友。即使没有接受过太多正规教育的个体，也会拥有属于自己的同辈群体。幼儿园的小伙伴、亲密好友、小学三年级的同学都是同辈群体。儿童的同辈群体常是给定的，但青少年却可以选择自己的同辈群体（图 4-6）。

图 4-6　孩子童年最好的朋友往往是同龄人

你是否常和你的好友看球赛，玩游戏或者逛街、聊天？我们发现，比起与父母相处，与同龄人交往时，我们更能独立地表达自己的观点，也更易展现自己的个性。同辈群体的亚文化也最为丰富。例如，大多数兴趣爱好团体都由同辈群体组成，而各种体育比赛和娱乐活动也都发生在同辈群体中间。

同辈群体的性别差异比较明显。美国语言学家坦内恩（Tannen）[1]研究指出，男孩与女孩的交往方式有着不同的路径，男孩与女孩都更倾向于与自己相同性别的人交往。女孩之间的交往主要以交谈、心事交换为基础。而男孩之间主要以共同的行动为基础。这些交往模式会持续到成年，影响夫妻在婚姻中的交流。例如，妻子希望丈夫将自己当作最重要的交谈对象，而丈夫却没有这种意愿，也没有意识到这对妻子的重要性。

同辈群体的代际差异也很明显。20 世纪 50 年代的人处于生育高峰、物质匮乏期，对

---

① 德博拉·坦内恩，Deborah Tannen，1945—　。

贫困和兄弟姐妹情谊有着普遍的共识。经历过"文革"的人对上山下乡、教育中断也有着深刻的印象。而 20 世纪 90 年代的人由于计划生育和经济发展，便与上几代人对贫困、奋斗和家庭关系有着不同的认识(图 4-7)。

图 4-7　不同年代的同辈群体

20 世纪 50 年代，上山下乡的知青经常在一起学习毛主席语录；20 世纪 80 年代，小虎队是年轻人心中共同的偶像和记忆。

今天，我们可以利用网络等媒介了解更广泛的信息，结识来自世界各地的不同个体。为此，有学者曾提出"虚拟同辈群体"的概念，用以形容这种跨越物理界限的同辈群体。在网络空间，我们不仅可以交流观点，还可以组织各种活动。

四、职业

离开校园，步入社会，你会拥有一份属于自己的工作。这时，你又接触了一个新的社会化场所，即**职业群体**(Occupational Group)。职场有自己的规范，每个岗位有不同的要求，这要求你学习相应的职业规范和技能。在许多人看来，"就业"是一个残酷的现实，意味着你要脱离家庭，靠自己的双手创造财富。反过来，就业也意味着你可以去实现自己的理想和追求(图 4-8)。

图 4-8　人才市场上等待求职的人们

在中国，工作是社会地位的重要指标。拥有一份得体的工作是许多青年人奋斗的目标。因为工作不仅增加了你的经济收入，而且也扩展了你的交际范围，为你积累更多的人力资本和社会资本。

现在，工作的压力已经延伸到了学校，一个典型例子是，愈来愈多的学生开始在课余兼职打工，赚取零花钱和积累工作经验。职业也开始成为与学校一样重要的社会化机构，而兼职则成为大学生活中不可缺少的内容，许多大学生都将自己的兼职和实习经验视为获取好工作的资本。

在长达近二三十年的职业生涯中，职业社会化给上班族的感受最为强烈，为适应社会发展对工作提出的新要求，上班族需要进行不同程度的继续社会化，而且这种社会化将伴随他们的整个职业生涯。例如，许多银行职员都需不断地更新技术水平，应付业务内容及银行技术系统的变化。只要你还在劳动力市场，职业社会化都会一直伴随着你。

五、大众传媒

你还在看电视,听广播吗?很多年轻人可能会认为,对他们而言,最重要的大众传媒是网络,他们通过网络可以了解比电视、广播更广泛的信息。**大众传媒**(Mass Media)指的是传递信息的各种通信手段,例如报纸、广播、电视、电影、杂志、书籍以及互联网。这些媒介是社会化的重要途径。通过这些传播媒介,我们可以了解过去发生的事情,也可以发现最新的潮流信息,还可以找到与自己志趣相投的各种群体。今天,通过电脑、手机等工具,人们可以随时使用互联网,因此,互联网作为大众传媒的影响力不断提高(图4-9)。

图 4-9 五大传媒——报纸、广播、电视、网络、手机

在 20 世纪八九十年代,电视作为最主要的大众传媒对个体社会化的影响显著而重要。电视所传播的内容对个体的价值观和行为模式具有导向作用。例如,电视中的商业广告就试图影响你的消费选择;而电影或电视中的人物或扮演者则会成为个体模仿和崇拜的对象,甚至成为某种符号。"追星"是很多年轻人都有过的行为。电视也为我们了解世界各地的风土人情打开了窗口,这反映了电视这一媒体的优点。

今天,研究者更关心互联网对个体社会化的影响。据中国互联网络信息中心《第29次互联网网络统计发展状况统计报告》调查显示,截至 2011 年 12 月底,中国网民突破5 亿人,达到5.13 亿人。其中,农村网民所占比例高达 26.5%。2011 年,网民每周平均上网时间为 18.7 小时。网络新闻使用率 71.5%、微博使用率在 2011 年达到近 50%、电子商务使用率和网络视频用户使用率都稳步上升。新兴媒介对年轻人的社会化影响更为深远,年轻人使用网络购物、发邮件、玩电子游戏、查资料、交流愈来愈频繁。虚拟社区、博客、微博等的出现使网民可以接收、选择、过滤甚至制造信息。阿尔蒙德(Almond)[①]的研究表明,大众传播工具对犯罪、通货膨胀或石油价格等问题的重视会增加公民对这些问题的关心程度。

---

① 加布里埃尔·阿尔蒙德,Gabriel Almond,1911—2002。

互联网的应用

你平时主要用互联网来做什么呢？

信息获取——搜索引擎和新闻浏览等；

商务交易——网络购物、团购、网上支付、旅行预订等；

交流沟通——即时通信、博客、微博、社交网站等；

网络娱乐——网络游戏、网络文学、网络视频等。

第三节　社会化的相关理论

我们是如何看待自己的？我们对自己的看法又是如何形成的？我们是谁？对于这些问题，我们有着不同的观点。这些认识又是从何而来呢？关于社会化的最早探讨是源于对人格发展理论的思考，即我们如何形成关于自己的看法。

一、人格发展理论

社会学家认为，我们每个人都有自己独特的"人格"，这种**人格**（Personality）是指特殊的思想、感觉和自我关照模式，这些构成了个体鲜明的品质特征。当我们谈论某人拥有高尚的"人格"时，通常指他的社会技能，这并不是社会学、心理学意义上的"人格"。为了更好理解这个概念，我们可以将它分成几个主要部分：在认知的层面，包括思想、知识水平、知觉和记忆；在行为的层面，包括技能、天赋和能力；在情感的层面，包括感觉与感情。[①]从这些组成部分，我们可以发现，人格不是天生的，人格的建立离不开社会和文化背景。

人格发展的第一步就是如何认识自我，这也是社会学家在人格研究中关注的核心问题之一。所谓**自我**（Self），即我们如何将自己与他人区分，就是个体对自己的个人特征和社会认同的认识和感觉。自我不是一个静态的现象，它是在我们生活中持续地变化和发展的。想想，儿时的你对自己的认识和评价，与现在的相同吗？

---

① 邱泽奇.社会学是什么[M].北京：北京大学出版社，2002：80.

（一）查尔斯·霍顿·库利：镜中我

美国社会学、心理学家库利（Cooley,1902）[①]为了解自我形成的过程,提出一个新概念——镜中我（Looking-glass Self）,就像照镜子一样,我们从镜子中观察自己,感知自己的形象。我们正是通过他人对我们的评价来认识自己的（图4-10）。

在库利看来,"自我"的发展需要经历3个阶段：首先,我们观察到我们在他人面前的行为方式,如在学校、朋友、家人或者陌生人面前；其次,我们感知他人对我们行为的评价,诸如聪明、漂亮、丑陋、孤僻；最后,他人的评价使我们产生某种感觉,如赞赏或鄙视。库利认为自我最初来源于初级群体,当儿童听话获得父母的奖励或者赞赏时,儿童开始认识到听话是被赞同的行为。

图4-10　镜子里那个人是谁？

库利认为,自我是社会的产物,我们总是以别人的反应来感知自我。就像我们无法在缺乏他人参与的环境下认识自己一样,初生的婴儿就无法理解自己与他人的差异,正是经过社会化,他们才逐渐将自己与父母、他人区分开来。

（二）乔治·赫伯特·米德：自我的阶段

差不多与库利同一时期的米德提出了关于自我的另一种理论,即**角色扮演**（Role Playing）。米德指出,对自我的认识是在个体对符号的理解中形成的,只有当我们可以区分他人与自己的时候,自我才开始形成；当我们可以扮演一般化他人时,自我才完成。

米德区分了两种我：主我和客我。**主我**（I）指每个人的天性部分。**客我**（Me）是个体的社会部分,即对社会要求的内化和个体对这些要求的认知。个体通过社会化会逐渐发展出客我。因此,米德认为自我在主我与客我之间不断交流中形成。

米德发现,自我发展经历了3个不同的阶段：模仿阶段、嬉戏阶段和群体游戏阶段。

首先,**模仿阶段**（Imitation Stage）。在人生最初的两年里,儿童只会模仿身边人的行为,特别是与他们亲密接触的亲人。儿童开始用手势和表情与父母交流,例如,他们不想吃某个东西时,往往会将其丢弃；而喜欢一个东西时,会伸手去抓；得不到想要的东西,就会哭泣。

其次,**嬉戏阶段**（Play Stage）。大约从2岁开始,儿童已经开始学习扮演海盗船长、警察和小偷。他们开始运用符号扮演别人,成为不同的角色。这也就是所谓的角色扮演,即把自己想象处于他人的角色或地位,形成以他人的角度看待自己和世界的能力。例如,儿童开始有哄骗行为,他们试图揣摩父母的心思,他们知道向父母提出购买学习用品,而不是玩具时,更容易获得额外的零花钱。

随着年龄的增长,我们开始注意到他人对自己行为的反应。这其中,一些人对我们的

---

① 　查尔斯·霍顿·库利,Charles Horton Cooley,1864—1929。

影响更为广泛。**重要他人**（Significant Others）指的是对个人自我发展具有重要影响的人物。诸如，父母、同事、朋友、老师甚至电影中的人物都可能成为我们的重要他人。这些人物都会影响我们对自我的评价，成为塑造自我认知的重要力量。

最后，**群体游戏阶段**（Game Stage）。3岁以后，儿童不再虚拟地扮演海盗等角色，而是切实地进入不同的群体，扮演不同的角色。例如，儿童开始关心自己在班级和同伴中的角色。在与他人的互动中，儿童会考虑很多因素及多种角色的配合。以"三人四足"的游戏为例，参与者不仅要知道彼此所处的位置，还要通过对其他参与者行为的预计，确定自己如何配合，才会使3个人的效率更高。有时，参与者还会提前商讨好彼此的位置和策略。在这个阶段，米德用**"一般化他人"**（Generalized Others）来代表儿童的行为会考虑社会整体的态度、观念和期望。换言之，在这个阶段，儿童不仅会考虑父母等人的评价，还会考虑自己的行为是否符合整个社会的期望。例如，儿童努力取得优异的成绩，事实上，他知道这不仅获得了父母的欢心，也获得了社会的认同。

图4-11　迈克尔·杰克逊模仿秀

我们发现，在模仿阶段，儿童尚未形成客我，只是简单、无意识地模仿他人；而在嬉戏阶段，客我开始发展，儿童会有意识地模仿其他社会角色；至群体游戏阶段，儿童才开始真正承担不同的角色，此时，客我才算完全形成（图4-11）。

（三）西格蒙德·弗洛伊德：无意识

如同库利与米德，弗洛伊德（Freud）[①]也相信"自我"是社会的产物，个体的个性总是受到他人的影响。然而，弗洛伊德更强调与社会化相关的生理基础和情感力量。他通过分析自我中相互冲突的地方，指出我们大量的活动产生于**无意识**（Unconscious）领域，即我们理性和意识无法进入的范围。

弗洛伊德区分了3个我：本我、自我和超我。**本我**（Id）包含无意识的记忆、生理和心理冲动，尤其是性冲动。**自我**（Ego）在"本我"与"超我"之间扮演一个中介角色。**超我**（Superego）大致相当于米德的"客我"，即内化了社会规范的自我。根据弗洛伊德的说法，我们的"本我"总是与代表社会规范的"超我"相冲突。如果二者不能达到和谐一致，那么，个体就无法拥有健康的心理。

弗洛伊德自己举了一个例子来说明本我、自我和超我的功能。可以试想，你开车行驶在公路上，一个车速很慢的司机恰巧挡在你的前面。你急于在8点钟赴约，但如果你以现在的速度，8点之前根本无法赶到。你按喇叭、打亮前灯，但前面的他却没有任何改变。这时，你的本我会鼓励你踩油门去教训一下前面那个傻子，而自我则会考虑这样做的后果：车子损坏，保险费将会提高，甚至会闹出人命。超我可能会质疑你这样做的正当性问

---

① 西格蒙德·弗洛伊德，Sigmund Freud，1856—1939。

题,你有权利因为他人开车速度缓慢,就撞向他吗?难道他没有开慢的权利吗?最后,你可能嘟囔几句,而没有选择踩油门(图 4-12)。

图 4-12 哪个"我"在起作用?

(四)让·皮亚杰:认知发展

瑞士儿童心理学家皮亚杰(Piaget)①关心的重点在于我们是如何学会思考的,即认知的发展过程。他提出了**认知发展理论**(Cognitive Development Theory)。库利认为,我们通过"镜中我"认识自己,因此,初生婴儿没有自我意识。皮亚杰则认为尽管初生婴儿没有自我意识,但他们非常地"自我",常要求将所有焦点集中在自己身上。那么,初生婴儿是如何逐渐获得各种知识的?皮亚杰的研究或许为我们提供了某种思路。

认知发展理论将儿童思想的发展过程分为 4 个阶段。第一阶段即**感觉运动阶段**(Sensorimotor Stage)。在 2 岁以前,儿童只能注意他的感觉,儿童伸手、吸允、叫喊和触摸等动作都是在试图探索周围的事物。第二阶段称为**前运算阶段**(Preoperational Stage)。儿童此时约 2 岁至 7 岁。在这个阶段,儿童只是用自己的观点来解释世界,但不了解其他人也会有不同的观点。儿童开始学会用语言、图像和简单符号来分辨事物与思想。例如,需要喝水时,他们会表达出对水的需求,也能感知和表达水是否过烫或过冷。第三阶段为**具体运算阶段**(Concrete Operational Stage)。从 7 岁到 11 岁,儿童已进入学校学习,并开始学习简单的数学运算和抽象思考。儿童会玩游戏,运用沙土和魔方玩具制造各种事物。这时,他们也能分辨他人和自己的区别。最后一个阶段即**形式运算阶段**(Formal Operational Stage),从 11 岁到 15 岁。此时,儿童能够掌握高度抽象和假设性的概念,比如,能够通过思考建构属于自己的理想,他们会对自己的理想进行各种描述。同时,他们也会通过运算和比较对与事实相反的观点提出质疑。这个阶段主要靠学校的教育完成,如果不能获得足够的教育,个体可能无法拥有形式运算的能力。

皮亚杰认为,当儿童能够用抽象的方法思考时,道德发展会成为社会化的重要组成部分。对 8 岁以下的儿童而言,规范就是规范,并无例外。可对于 12 岁的孩子而言,他们也许会试图获取更大的自主性,于是,他们可能会逃课和说谎。随着社会化的推进,儿童将

---

① 让·皮亚杰,Jean Piaget,1896—1980。

经历许多道德方面的矛盾,青春期的"叛逆"就是典型例子。

关于自我发展的理论还有许多著名的研究,例如戈夫曼的印象管理,埃里克森(Erikson)①的"八阶段理论"以及科尔伯格(Kohlberg)②的道德发展理论(图4-13)。

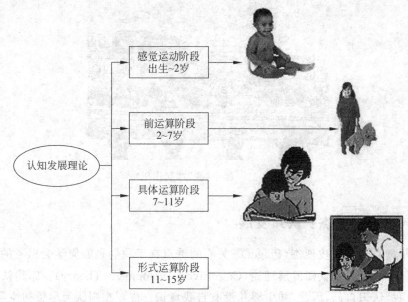

图 4-13　皮亚杰的认知发展理论

二、生命历程理论

前面关于社会化研究的理论更多关注社会化的微观层面。生命历程的研究则更多关注个体之外更大的社会力量和社会结构,探讨社会变迁和个人生命历程的关系。

现实生活中有诸多**过渡仪式**(Rites of Passage),即代表与证实个体某一段身份地位的改变和结束。例如,结婚庆典、毕业典礼、出家礼和丧礼。这些特殊仪式标志着生命历程的各个阶段。但这些事件出现的时间往往不同。有人可能22岁就结婚,而有人可能30岁才结婚(图4-14)。

当我们应用生命历程理论考察宏观的社会结构和个体生命历程之间的关系时,有以下4个要点需要注意。③

首先,生命发生的时间和空间。生命发生的时间和空间不同,就会面临不同的机遇。例如,同是中国人,20世纪80年代的人面临大众教育的契机,显然比出生在20世纪60年代,面临精英教育的人拥有更多上大学的机会。

其次,生命的相关性。生命与生命之间总是相互联系的,父母的生命历程自然会影响子女的生命历程,而子女的生命历程也会影响父母。因此,代际相关性和社会资本都成为

---

① 埃里克·埃里克森,Erik Erikson,1902—1994。

② 劳伦斯·科尔伯格,Lawrence Kohlberg,1927—1987。

③ 郑杭生.社会学概论新修(第三版)[M].北京:中国人民大学出版社,2002:95.

图 4-14　婚礼是重要的过渡仪式

回想一下，你都经历了哪些过渡仪式？它们对你产生了什么影响？

社会学家的关注点。

再次，生命的时间安排。社会对我们生命历程一般有一个"标准时间表"，表明了社会对不同年龄段的期望。如果个体的生命历程安排不符合社会期望，就会带来不便和困难。例如，一个成年人没有工作，没有收入，依靠父母生活，就会被社会所厌弃；而一个过了40岁却还没有结婚的女性也会引起家人的担忧。

最后，人的能动性。生命历程理论不仅关注外部因素对生命历程的影响，也关注个体能动性的作用。例如，错过大学教育的年轻人在成年后继续学习大学课程，考取学位，这就弥补了曾经缺失的生命事件。

对生命历程的分析实际上就是对社会化过程的分析。

 本章要点

- 狭义的社会化研究的重点是个体由生物人转变为社会人的过程。这种研究主要以儿童为对象。广义的社会化指的是一个由生物人向社会人转变的过程，而且是一个内化社会价值标准、学习角色技能、适应社会生活的过程。
- 社会化包括初始社会化、预先社会化、继续社会化和再社会化。初始社会化指的是发生在生命早期的社会化。预先社会化是指向未来角色的社会学习过程。继续社会化是指成年人经过基本的社会化后，为适应社会文化环境，继续学习社会技能、文化价值观念的过程。再社会化特指放弃先前的行为模式和价值观，接受新的行为与价值观的过程。
- 社会化的机构包括家庭、学校、同辈群体、职业和大众传媒。
- "镜中我"就像照镜子一样，我们从镜子中观察到自己，感知自己的形象。我们也是通过他人对我们的评价来认识自己的。
- 米德指出，对自我的认识是在个体对符号的理解中形成的，只有当我们可以区分他人与自己的时候，自我才开始形成；当我们可以扮演一般化他人时，自我才完成。米德认为,"客我"的社会化经历了 3 个不同的阶段:模仿阶段、嬉戏阶段和群体游戏阶段。

- 弗洛伊德强调与社会化相关的生理基础和情感力量,指出我们大量的活动产生于无意识领域,即我们理性和意识无法进入的范围。弗洛伊德区分了 3 个我:本我、自我和超我。
- 让·皮亚杰提出了发展认知理论,将儿童思想的发展过程分为感觉运动阶段、前运算阶段、具体运算阶段和形式运算阶段。
- 生命历程理论关注个体之外的更大的社会力量和社会结构,探讨社会变迁和个人生命历程的关系,关注生命发生的时间和空间、生命的相关性、生命的时间安排和人的能动性。

思 考 题

1. 如何看待人的生物性与社会性的关系?

2. 初始社会化、预先社会化、继续社会化、再社会化是 4 种基本的社会化类型。请举例说明如何理解。

3. 家庭对于子女的社会化有何作用?请举例分析。

4. 在分析大众传媒的社会化作用上,功能论者和冲突论者各有什么看法?

5. 库利的"镜中我"和弗洛伊德的"无意识"理论能解释自私吗?为什么?

6. 描述一下生命历程理论,指出它对你有什么启示。

推荐阅读书目

1. [美]康拉德·菲利普·科塔克. 人类学:人类多样性的探索(第 12 版)[M]. 黄剑波等译. 北京:中国人民大学出版社,2012.

2. 卢勤. 个人成长与社会化[M]. 成都:四川大学出版社,2010.

3. [美]玛格丽特·米德. 萨摩亚人的成年[M]. 周晓虹等译. 北京:商务印书馆,2010.

4. [法]阿诺尔德·范热内普. 过渡仪式[M]. 张举文译. 北京:商务印书馆,2010.

5. [美]戴维·迈尔斯. 社会心理学(第 8 版)[M]. 侯玉波等译. 北京:人民邮电出版社,2006.

第五章
社会角色

"角色"原本是戏剧里面使用的一个术语。莎士比亚在《人间喜剧》中写道："世界是一个舞台，所有的男人女人不过是一些演员，他们都有上场的时候，也有下场的时候，一个人一生中扮演许多角色。"

社会好比是一个大舞台。那么，每个人在这个舞台上都会扮演哪些角色，角色之间又是如何互动呢？通过本章的学习，你将了解"角色"的内涵、类型以及个体进行角色扮演的过程和可能出现的问题。

第一节

社会角色概述

你知道作为子女有哪些义务吗？作为学生呢？社会对子女与学生的要求有什么差别呢？社会化的最终目标是培养合格的社会成员，即能胜任多种社会角色的个体。子女与学生是不同的社会角色，因此，社会对这两种角色有着不同的要求。那么，究竟什么是社会角色？它有哪些类别呢？这是我们首先要介绍的。

一、什么是社会角色

20 世纪二三十年代，一些学者将"**角色**"（Role）概念引入社会学，将它发展成为社会学重要的基本理论之一。具体地，"角色"概念主要包括以下 3 个思想来源。第一，美国芝加哥学派的米德首次将"角色"这一概念引入社会学，认为角色是在互动过程中形成的，人们的角色扮演并没有事先设定的范本，文化只是规定角色扮演的范围。第二，林顿（Linton）[①]认为角色是在任何特定的场合中由文化提供给个体的一套行为规范。他认为社会结构构成了个体必须接受和遵循的行为规范体系。因而，社会文化塑造角色，个体的角色扮演依照文化所规定的情境进行。第三，戈夫曼（1959）提出了"拟剧论"，他认为我们日常生活的许多活动都试图传递给他人我们是谁的印象。具体地，戈夫曼从角色概念出发，将社会生活与戏剧舞台进行比较，将社会成员等同于舞台上的演员。[②] 社会角色有深厚的理论来源，但要清楚了解社会角色的概念必须从社会地位讲起。

（一）社会地位

社会地位（Social Status）是指个体在社会关系体系中所处的位置。我们生活在各种社会关系网络中，例如血缘关系、地缘关系、业缘关系。在不同的社会关系中，我们所处的位置不同。因而，我们的社会地位是多重的，并随着社会关系的转变而转变。例如，一名警察（业缘关系）在所居住的社区（地缘关系），可能比较受人尊敬，因为他维护该社区的治安环境，而其他社区的居民就未必这么尊敬他。在日常生活中，如何了解个体的社会地位

[①] 拉尔夫·林顿，Ralph Linton，1893—1953。

[②] 李宁.社会学概论[M].合肥：安徽人民出版社，2007：76-77.

呢？一般的，我们可以通过衣着打扮、言语谈吐和行为举止等来判断。例如，当我们看到身穿消防制服、操作灭火装置扑救火灾的人时，就知道他是一名消防人员（图5-1）。

个体的社会地位一般体现为身份。社会学意义上的**身份**（Status）是指整组由社会定义的位置——从最低到最高。个体处在多重社会关系中，拥有多种不同的社会地位，社会地位决定身份。每个人拥有多种不同的身份，诸如工人、父亲、舅舅、中年人或是邻居。然而，其中有一个社会地位是最主要的，它决定个体的身份。例如，蔡元培是北京大学的校长，也是一名美学家；他对我国教育产生了深远影响。因而，教育学家的身份远远超过他作为美学家的身份。

图 5-1　消防员

社会学与生活

残障人士的主要身份

中国残联主席张海迪在北京残奥会一周年纪念会上致辞（图5-2）。

图 5-2　张海迪致辞

思考：你从她身上看到了什么？身心障碍者？女人？或是女作家？对张海迪而言，最主要的身份是身心障碍者吗？

（二）社会角色

社会角色（Social Role）是指与人们的某种社会地位、身份相一致的一整套权利和义务的规范与行为模式，它是人们对特定身份的人所持有的期望，是构成社会群体或组织的基础。我们会期待法官大公无私，但我们不会要求人人都无私，因为法官的社会地位赋予他这样的义务。因而，没有社会地位，社会角色就无从谈起。

社会关系影响社会地位，而社会规范则界定社会关系。因而，个体的社会地位与社会规范联系在一起。社会规范对社会地位的要求具体体现为该社会地位的权利和义务。这些由社会地位所决定的权利和义务在实际生活中由个体表现出来就产生了社会角色。具体地,我们在日常语境中,总是对一定身份的人有某种期待。社会地位是社会角色的基础,社会对某一社会成员的期待由他们的社会地位决定。

当然,个体的角色扮演与地位、社会规范也可能表现得不一致,即个体并非总是按照地位要求和人们的期望去行动,因而产生角色偏差。例如,对学生角色的扮演就各有不同,有些学生专注于学好自己的课程,有些学生却更关心自己的兴趣发展。相似的,有些家长干涉孩子学习,有些家长却任由孩子自由发展。由此可见,角色是社会地位外在的、具体的、动态的体现。

最后,角色是一系列行为模式。一方面,它表现为与社会地位相关的一系列权利。例如,交警因为指挥交通的需要,可以对行人和车主在道路上的行为提出要求。另一方面,它也是一系列义务,即其他社会成员可以要求这种角色履行某种义务。例如,行人可以要求交警必须严格执法。个体只有占据一定的社会角色,才能拥有相应的权利和义务,当个体的社会角色发生变化时,就不再承担相应的权利和义务。例如,退休的法官由于不再担任"法官"这一角色,便不再享有审理案件的权利和履行相应义务(图5-3)。

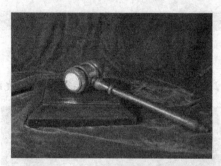

图 5-3　法槌——法官权威的象征

法官使用法槌主持庭审活动,可以使庭审活动更显权威和庄严,充分
体现了司法的文明、有序和效率,强化了庭审活动的效果。以击槌的方式
主持重要的仪式和活动也是世界各国通行的惯例。

（三）角色丛

在社会生活中,个体角色并不是孤立存在的,而是和其他角色联系在一起。这些相互依存、相互补充和相互联系的角色就是**角色丛**(Role Set,又译为"角色集")。这些角色的集合包括两种情况:第一,个体可以集多种角色于一身。例如,一位女警察,在家里,对于子女而言是妈妈、对于丈夫而言是妻子、对于父母而言是女儿;在工作岗位,相对于领导而言是下属,而对其他警察而言是同事;在学校,她则是一位家长。日常生活中,她还可能扮演其他角色,如消费者、邻居、房东。第二,不同个体拥有一组相互依存的角色。仍以前面的女警察为例,她与领导、同事在工作中形成的角色关系,构成一个角色丛。不同的角色丛反映个体在现实生活中的社会关系(图5-4)。

有些角色丛直接形成社会群体。例如,学生、教

图 5-4　潇洒女警

师和教辅人员等角色构成了学校这一次级群体；父、母、夫、妻、子、女等角色构成了家庭这一初级群体。可见，角色丛在社会结构中起到重要的作用。

二、社会角色的类型

社会学家根据不同的分类标准将社会角色分为不同的类型。这些分类有利于我们理解诸如学生与子女的差异，也有益于我们分析各种角色表现。

（一）先赋角色与自致角色

根据人们获得角色的方式可以将社会角色划分为先赋角色与自致角色。

先赋角色（Ascribed Role）也称为"归属角色"，是指由血缘、遗传等先天或生理因素所决定的社会角色。我们每个人出生时就被赋予国籍、民族、家庭出身、性别等角色。先赋角色是由社会分派给个体的，个体不能选择，社会也未把个体独特的天赋或特征考虑在内。

在传统社会，社会流动性较小，很多角色由血缘决定。例如，贵族的身份是世袭的，贵族的儿子是贵族，平民的儿子是平民；贵族享受各种特权，平民很难改变自己的身份成为贵族。

自致角色（Achieved Role）也即"成就角色"，是指通过个体的活动与努力而获得的社会角色。自致角色包含个体的选择。例如，个体可以选择是否担任某一角色。自致角色也包含个体的努力，因为需要具备一定的能力。例如，钢琴家、艺术家、银行总监、会计、教师、咨询师等职务都需要通过努力才能获得。当然，自致角色也受到先天因素的影响。例如，对音律不敏感的音乐人很难成为出色的音乐家。

（二）规定性角色与开放性角色

根据角色的规范化程度，可以将社会角色划分为规定性角色与开放性角色。所谓**规定性角色**是指其角色的权利和义务有比较严格而明确的规定。例如警察、法官、税务人员。这类角色必须按照规定办事，税务人员要严格按照税法执行，法官也要依法办事。而另一些角色却可以较为灵活，人们可以根据自己的理解扮演角色。例如父母、夫妻、子女、兄弟姐妹。这些角色就称为**开放性角色**。父母对子女学业的督促方式并没有明确的规范，父母可以根据子女的情况采取不同的引导方式。

（三）功利性角色与表现性角色

根据社会角色追求的目标，可以将社会角色划分为功利性角色与表现性角色。

功利性角色是指那些以追求效益和实际利益为目标的社会角色。例如，商人以营利为目的。对于这类角色，行为的价值就在于获取实际利益。当然，个体在扮演功利性角色的同时，并不排斥对其他角色的扮演，有些商人积极从事公益活动，充当慈善家的角色，这时他扮演的是表现性角色。

表现性角色是指不以获得经济效益和报酬为主要目的，而以表现社会制度与秩序、行

84

为规范、价值观念、思想道德等为目的的社会角色。例如志愿者、牧师、僧侣和教师。志愿者希望以自己的努力帮助他人，弘扬扶老携幼、关爱社会等价值观，并不着眼于经济报酬(图5-5)。当然，表现性角色的扮演者也可以获得某些正当利益。例如，社会常给予志愿者各种表彰。现在，这两种角色的划分愈来愈模糊。以艺术创作为例，艺术家既可以为追求金钱而创作，也可以为弘扬某种价值而创作。

图5-5　北京奥运会志愿者标志

另外，还可以根据人们承担社会角色时的心理状态将角色分为自觉的角色和不自觉的角色等。

企业家与"高调行善"

陈光标，江苏黄埔再生资源利用有限公司董事长，被称为"中国首善"。2010年9月，他宣布死后捐出全部财产。引起媒体关注，不仅是因为陈光标有"中国首善"之名，还因为他行善的方式是高调的，被称为"高调行善"。"高调行善"备受质疑。

思考：发挥你的社会学想象力，想想企业家的身份与人们质疑"高调行善"的行为有没有关系？

第二节 社会角色扮演

当个体具备了充当某种角色的条件并按这类角色行为规范的要求去活动时，就是社会角色的扮演。**角色扮演**(Role Playing)有狭义和广义之分，前者仅指角色实践，后者包括角色扮演的确定、角色扮演的舞台和角色扮演的过程。

一、角色扮演的确定

正如戏剧舞台上演员所担任的角色需要一个确定的过程一样，社会成员也需要经历确定其角色的过程。所谓**角色确定**，是指个体或群体在社会关系和社会结构中确定自己的身份地位，并得到社会和他人认可的过程。这其中包括自我确定和社会确定。

自我确定就是要回答"我(们)是谁?"这个问题,而这必须在社会中才能找到答案。因此,自我确定是社会成员或社会群体结合自己的实际地位、与他人及群体间的关系给自己定位。具体而言,首先,个体进行对自我的社会地位以及与其他角色之间关系的定位;其次,评估自我社会地位所赋予的权利和义务;最后,掌握对自我社会地位、角色要求的行为规范和举止姿态。以刚入职的警察为例,首先,对"警察"这类角色进行定位:在警察所(局)的位置,包括领导与同事之间的关系;在社会分工所处的位置,是生产性还是非生产性等。其次,对"警察"这类角色的权利和义务进行全面了解,例如,警察什么时候可以使用枪支,发现抢劫时自己应当承担哪些义务。最后,"警察"这类角色需要具备敏锐觉察环境变化的能力,并且保持一定的威严。

图 5-6　招聘要求

社会确定是指社会对个体或群体的选择,即社会根据角色的规范、要求和程序从角色候选人中筛选角色扮演者。符合要求者将被允许担任某一角色,不合格者将被拒绝。例如,每年的公务员选拔就是按照用人单位的需求筛选角色扮演者。各种选拔性的考试、面试都属于社会确定的过程(图5-6)。

社会确定容易发生以下"确定不当"的情况。第一,个体不能胜任角色,即个体被安排在一个自己不能胜任的角色。例如,古语云:"扶不起的阿斗",即指刘禅(小名阿斗)不具备担任一国国君的能力,却继承了刘备的帝位。第二,个体不能承担合适的角色,即个体被安排在自己不擅长的角色,而不是自己擅长的角色。"文化大革命"时期,让教师、干部下地种田,就没有发挥他们的优势。第三,个体对场合判断错误而选择了不适当的角色。例如,在战国时期,张仪以朋友的身份去投靠苏秦,但是苏秦却摆出一副大官的姿态,使得张仪投靠秦国,与苏秦为敌,展开合纵连横的较量。

社会学与生活

对医生的角色期待

运用你的社会学想象力,试想一下:社会对医生有哪些角色期待(图5-7)?如果医生没有按照社会期待确定角色,会产生什么后果?

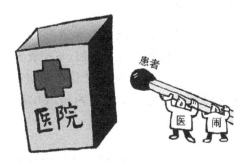

图 5-7　医患关系

二、角色扮演的舞台

当社会成员确认角色之后，就需要把角色表现出来。怎样才能扮演好君王、教师、员工、子女的角色呢？要想扮演好一个角色，就像戏剧一样，这样的表现需要布景、道具，角色自身和台前台后的配合等。那么，社会角色是怎样表现出来的呢？[①]

（一）布景与道具

按照戈夫曼的观点，社会角色就像戏剧的演员角色，在表演时，我们很关心自己给他人的印象，希望控制这种印象效果。为了达到自己希望的效果，我们需要做相应的准备，诸如提供一个能很好地表达角色身份的环境，或选择相关的道具，使角色表演能够与情境融合（图 5-8）。例如，医院这样的场景需要有接诊室、病房、手术室和医疗仪器。

图 5-8　泰坦尼克号上的爱情
在电影《泰坦尼克号》中，男女主角的爱情正是在泰坦尼克
号这样的场景下才格外生动。

一般而言，布景和道具有实用性与象征性之分。实用性是指它们是某些角色在实际活动中需要使用的物质工具。例如，医疗仪器、病房，就是实用性工具。象征性指它们象征着角色标准或活动场所，也间接证明角色的有效性。例如，警徽、"红十字"、身份证、公章、介绍信都具有象征性。

（二）衣着、仪表与言谈举止

俗话讲，"佛靠金装，人靠衣装"。如果说布景和道具只是角色的衬托和背景，那么衣着和仪表则更能表现出角色的身份和地位。例如，与便衣警察相比，我们更容易识别身穿制服的警察。另外，个体的衣着、言谈举止，往往会影响我们对他们的评价。例如，1793 年，法国国王路易十六和王后玛丽·安托瓦内特（Marie Antoinette）[②]被送上断头

---

① ［美］欧文·戈夫曼. 日常生活中的自我呈现[M]. 黄爱华，冯钢译. 杭州：浙江人民出版社，1989：22-23.
② 玛丽·安托瓦内特，Marie Antoinette，1755—1793.

台,当玛丽·安托瓦内特踩到刽子手的手时,讲道:"对不起,您知道,我不是故意的。"这一言谈让人们对她产生了崇敬之情(图5-9)。

又如,当我们观察到员工的工作状态是懒散、随意时,可能会联想到这家企业管理不到位,而不敢与其合作。

有些言谈、举止、礼仪为很多社会角色所共享。例如,在很多社会,点头表示同意,摇头表示不同意;而有些行为是某种角色所特有的,例如,军人的军礼,模特走秀的姿态;还有些角色行为有多种含意,比如,微笑可以表达会意、心情愉快、道歉等多种意思。总之,社会角色的言谈、举止、风度的表现并不是整齐划一的,而应根据需要和场合做出相应的调整。

图 5-9　玛丽·安托瓦内特

社会学与生活

西装革履还是奇装异服

运用你的社会学想象力分析一下,越来越普遍的西装革履能体现个人的社会地位和角色吗? 我们又该如何看待奇装异服呢?

(三)前台、后台的表现

犹如戏剧舞台,社会生活的前台与后台也有明显的区分,前台是我们进行表演的场所,后台则是为前台表演做准备的地方。我们在前台和后台的行为举止是不一样的。例如,一些夫妻感情不和,却很少在子女面前表现,当子女不在场时,他们可能就没有那么多顾忌了。子女面前就相当于前台,我们总是试图控制前台的印象,而在后台的表现就更为随意。当然,有时前台和后台的区分并不是那么明显。例如对于有些夫妻,无论子女是否在场,他们都会发生口角。

成功的戏剧演出需要全体演员的配合,同样,要使你的角色有出色的表现,还需要其他角色的配合。例如,在课堂上,你要扮演好教师的角色,还需要学生的配合。

社会学与生活

巾帼英雄花木兰

花木兰在前台是替父从军的男子,后台却是一个孝顺的女儿,试想一下,她是如何处理前台和后台的角色扮演的(图5-10)?

图 5-10　木兰从军

三、角色扮演的过程

社会成员是如何扮演角色呢？角色扮演又有哪些过程？角色扮演是一种社会互动，包括我们对角色规范的理解，对情境的定义或解释和做出反应的复杂过程。

（一）对角色的期望

社会成员在担任某一社会角色时，首先需要了解社会或他人对这一角色的期待。无论你扮演哪一种社会角色，都会发现社会对这一角色有各种要求。例如，在博物馆，当你被馆藏的微雕作品深深震撼，不禁失声惊呼时，其他人也许会用责备的眼光看着你，因为他们认为，参观者都应保持安静。总之，在这一阶段，我们应尽力了解社会或他人对个体扮演角色的要求和期望。

（二）对角色的领悟

在了解角色期待后，我们会试图将角色期待内化，这就是角色领悟的过程。由于个体生活经历、思想观念、道德水平以及所处环境的不同，我们对同一角色的理解也常有一定的差距。例如，一般的，教育水平越高的父母越能够接受男女平等的观念，越不在意子女的性别。社会角色扮演成功与否最终取决于社会评价。我们发现，社会常期待官员廉洁无私。因此，如果某一官员清明廉洁，例如海瑞、包拯，就会获得社会的广泛赞誉。

（三）对角色的实践

角色领悟之后，个体开始进入角色实践的环节。一般情况下，角色实践与角色领悟是一致的。例如，新入职者在接受岗前培训的过程中，逐渐领悟角色的行为规范和价值要求等，将其内化成为指导自己行为的规范，在此基础上，新入职者就开始角色实践。但也可能由于各种条件的限制，使得个体无法完全按照自己的意愿去实践。例如，一位年轻的公务员，可能有志于进行一些大胆的改革，但是由于职位等方面的限制，他不得不对自己的改革计划做出调整。

第三节 角色失调

由于每个社会成员都处在复杂的社会关系中,所以,个体在扮演社会角色时,不仅会出现角色差距,而且常会产生矛盾,遇到障碍,甚至遭到失败,这就是角色扮演的失调现象。

一、角色不清

角色不清是指社会或角色扮演者对角色规范不明确,不知如何扮演的现象(图 5-11)。

例如,一个年轻人突然成为父亲,这种角色变化可能会使他不知所措。通常造成角色不清的原因有两个:客观层面,社会的急剧变迁会使许多角色的规范要求发生变化;主观层面,个体对角色规范的误解也会造成角色不清。

（一）客观层面

随着社会的发展,诞生了许多新的社会角色。根据文化堕距理论,角色的产生先于对社会对角色的规范,这会导致角色扮演者无法判断应该做什么,不应该做什么。例如,近几年,微博迅速崛起,而社会还没有明确对

图 5-11　教师的角色

博主角色的行为规范,造成博主角色不清,发生造谣、侵犯隐私、谩骂等行为。另外,当社会对角色的期待发生变化,而角色扮演者还没适应时,也容易产生角色不清。例如,社会和学生都期待素质教育,如果教师仍以应试教育方式推进教学,就是一种角色不清的表现。

（二）主观层面

现实生活中,虽然有些角色规范是明确的,但由于角色扮演者对角色规范认识不清或者相关技能不足,也容易引起角色不清。例如,某个年轻人,由于第一次扮演父亲角色,他可能不清楚应该怎样照顾、教育小孩。角色不清的状况常可以改变。向有经验的人讨教或进行继续社会化,学习相关技能,都会使第一次扮演父亲角色的年轻人学会照顾、教育小孩。

二、角色紧张

随着个体扮演角色的增加,不同角色之间可能产生冲突。这种因为社会对同一社会位置的不同需求与预期所造成的困境称为**角色紧张**(Role Strain)。例如,小王是大学四年级的学生,作为班级干部,经常组织班级活动,又参与了老师的科研课题,同时还须为考取研究生做准备。每一种角色都要投入大量的时间和精力,小王可能顾此失彼,不能有效地扮演各种角色。有些角色紧张是短暂的,有些却是长期的。长期的角色紧张可能使人们承担巨大的心理压力,以致引发心理疾病。在现代社会,诸如此类的角色紧张现象时有发生,如职业女性在家庭和事业之间所面临的紧张和压力(图 5-12)。

图 5-12　职业女性

如何看待职业女性在家庭和事业之间产生的角色紧张?

三、角色冲突

实际上,我们都生活在不同的角色丛当中。当同一个人有两个或以上的社会位置,而这些角色预期互不兼容时,就产生了**角色冲突**(Role Conflict)。例如,国人常说"忠孝不能两全",指的是个体在追求功名(忠)与孝敬父母(孝)之间产生严重的冲突,以至于二者无法协调。另一个典型的例子是,发生婆媳矛盾时扮演儿子与丈夫双重角色的个体所面临的冲突。再如,一个警察要在执行命令逮捕他的老朋友,或者为了友情不执行命令之间做出选择时,他便处于角色冲突当中。角色冲突反映了人们多样化、复杂化的社会生活现实。角色冲突妨碍和破坏人们的正常生活秩序,因而应当尽量避免。可以采用角色单一化的做法,就是在一种情境中只扮演一种角色。

社会学之窗

听老婆的还是听老妈的——角色冲突①

结婚一年半,宝宝 10 个月大,宝宝出生前我和老婆在市里过,一切挺好,后来宝宝出生,老妈来给我们带孩子,老爸星期六星期天来,一切都自然、平静、和谐。可是没想到这只是表面现象,由于老婆和老爸都是中学老师,所以 7 月暑假一家 5 口就我一个人上班,其他人都在一个房子里,问题也就来了。老婆说老爸老妈把她当外人看,平时都是老爸老妈在一起聊天,不理睬她,并且在宝宝的一些问题上有冲突,她没有权利决定宝宝的事情,都要听老爸老妈的。老爸老妈觉得老婆不干家务,还要嫌这嫌那,平时老是板着个脸,很难亲近,喜欢挑刺。上个月老婆和老爸老妈吵了一架后抱着宝宝回娘家了,后来老爸老妈很不情愿地去老婆娘家把老婆接回来了,后来老婆告诉我,老爸和丈母娘说希望老婆不要和我吵,不然后果会很不开心。不知道老婆是不是为了证明什么,上星期老婆和我吵架了,老爸老妈都在,我们吵架时,老爸老妈一声没有吭,吵完后老爸回镇上去了。老婆说没有哪家父母见儿子儿媳吵架不劝的,觉得更进一步证明老爸老妈没有把她当儿媳看,认为她可有可无;老爸老妈肯定又会说老婆喜欢挑刺。现在又要到周末了,老爸按照惯例是要来了,不知道这回他还会来吗? 来了感觉很尴尬,老妈现在还在带孩子,不过我也看得出没有那么开心了。很烦恼,总觉得老婆和老妈之间水火不容,有没有一个两全其美的解决办法?

思考：如果是你,你会怎样解决例子中的角色冲突呢?

四、角色中断

角色中断指的是个体前后相继所承担的两种角色之间没有明显关系的现象。发生角色中断是由于人们在承担前一种角色时并没有为后一种角色做好准备。例如,一位大学毕业生要参加工作,由于长期生活在学校里面,对职员这一角色并不了解,一时之间不能完成角色的转化而产生不适应。因而,很多公司设有岗前培训。角色中断的另一个原因是前一种角色所具有的一套行为规范与后来的新角色所要求的行为规范产生冲突。例如,高中生学习需要有老师引导,而大学生的学习以自学为主。有的大学生由于不能转变过来,从而感到学习困难。

解决角色中断的办法有：从角色承担者个人来看,应当对自己的人生有所设计,应了解人一生中不可避免要承担的那些角色的特点,为未来的角色做好准备。从社会的角度来看,应该加强对各种不同角色的培养、培训和咨询工作,对于那些因社会原因而造成的角色中断给予相应的帮助。

---

① 杨云鹏等.每天读点社会学大全集[M].北京：中国华侨出版社,2011：76.

五、角色失败

角色失败指的是由于多种原因而使角色扮演者无法成功地扮演起角色,不得不半途终止表演,或者虽然还没有退出角色,但已经困难重重,每前进一步都将遇到更多的矛盾。角色失败是角色在扮演过程中发生的一种极为严重的失调现象。

角色失败的结果通常分为两种情况:一种是角色的承担者不得不半途退出角色。例如,商业的合作者不得不因为公司的破产而终止合作。还有朋友、亲戚之间因激烈冲突而发生绝交,或者夫妻因矛盾发展到不可调和的阶段,不得不终止婚姻等。另一种情况是角色扮演者虽然还处在某种角色的位置上,但实践证明其角色扮演已经失败。例如,考试经常不及格的学生、经常不能按时完成任务的工人。

角色失败通常是件坏事,它给个人或社会带来不利影响甚至恶劣后果;但如果处理妥当可能变成好事。例如,一个人在失败中吸取经验,重新振作起来。

 本章要点

- 社会角色是指与人们的某种社会地位、身份相一致的一整套权利和义务的规范与行为模式,它是人们对特定身份的人所持有的期望,是构成社会群体或组织的基础。
- 根据不同的分类标准,可以将社会角色分为先赋角色与自致角色、规定性角色和开放性角色、功利性角色和表现性角色。
- 角色扮演有狭义和广义之分,前者仅指角色实践,后者包括角色的确定、角色的舞台和角色扮演的过程。
- 所谓角色确定,是指个体或群体在社会关系和社会结构中确定自己的身份地位,并得到社会和他人认可的过程。这其中包括自我确定和社会确定。
- 社会角色的表现需要布景、道具,角色自身和台前台后的配合等。
- 角色扮演是一种社会互动,包括我们对角色规范的理解,对情境的定义或解释和做出反应的复杂过程。
- 角色失调包括角色不清、角色紧张、角色冲突、角色中断和角色失败 5 种情况。
- 角色不清是指社会或角色扮演者对角色规范不明确,不知如何扮演的现象。
- 随着个体扮演角色的增加,不同角色之间可能产生冲突。这种因为社会对同一社会位置的不同需求与预期所造成的困境称为角色紧张。
- 当同一个人有两个或以上的社会位置,而这些角色预期互不兼容时,就产生了角色冲突。
- 角色中断指的是个体前后相继所承担的两种角色之间没有明显关系的现象。
- 角色失败指的是由于多种原因而使角色扮演者无法成功地扮演起角色,不得不半途终止表演,或者虽然还没有退出角色,但已经困难重重,每前进一步都将遇到更多的矛盾。角色失败是角色在扮演过程中发生的一种极为严重的失调现象。

思 考 题

1. 什么是社会角色？如何理解先赋角色与自致角色？
2. 请论述社会地位和社会角色的关系。
3. 社会角色扮演的一般过程是怎样的？请举例说明。
4. 角色失调有哪些类型？
5. 为什么会出现角色中断或角色失败？请举例说明。

推荐阅读书目

1. [美]乔治·H.米德. 心灵、自我与社会[M]. 赵月瑟译. 上海：上海译文出版社,2008.

2. [美]欧文·戈夫曼. 日常生活中的自我呈现[M]. 冯钢译. 北京：北京大学出版社,2008.

3. 奚从清. 角色论：个人与社会的互动[M]. 杭州：浙江大学出版社,2010.

4. [美]陶西格等. 社会角色与心理健康[M]. 樊嘉禄等译. 合肥：中国科学技术大学出版社,2007.

第六章

社会群体

俗话说"物以类聚，人以群分"，那么，是不是有人的地方就能形成"群体"呢？一群在机场候机、互不相识的旅客是社会学意义上的"社会群体"吗？社会群体是社会的重要组成部分，家庭和工作团队就是两种典型的社会群体。

通过本章的学习，你将了解社会群体的类型与特征，在此基础上，我们会进一步探讨初级群体的典型代表——家庭以及次级群体的典型代表——社会组织。

社会群体概述

　　清晨,当你走在繁华的大街上,你会发现,有些人在等候公共汽车;有十几位小朋友在老师的带领下准备过马路;还有些人匆匆行走……在这里,哪些人群可以称为社会群体呢?

一、什么是社会群体

　　社会群体(Social Group)是指通过一定的社会关系结合起来进行共同活动的集体。一方面,并不是有人的地方就能形成社会群体,而是需要以血缘(如父子)、地缘(如同乡)、学缘(如同学)、业缘(如同事)等社会关系联系起来。另一方面,社会群体总是有着共同的目标,例如,完成一个项目。此外,群体成员还创造出属于本群体的亚文化。例如,僧尼一般会穿僧袍、吃斋。

　　在一起等候公共汽车的人不是社会群体,因为他们没有通过一定的纽带联系起来,并且缺乏共同的文化。他们彼此可能不认识,除了等公共汽车,他们之间没有其他共同点。一般把这种人群称为聚集体或集群(可能有共同的规范,如遵守排队的规则,但彼此不认识)。当然,如果这些等公共汽车的人是亲朋好友,他们就组成一个社会群体。同样的,匆匆行走的人群也属于集群(图 6-1)。

图 6-1　社会群体

候机的旅客不是社会学意义上的社会群体,过马路的小学生是社会群体。

　　然而,由老师带领的小朋友们组成一个社会群体,他们通过学缘这一特殊的纽带联系起来,该群体对小朋友有共同的角色期待(学生)。他们有共同的目标(如学习同样的知识或掌握同样的技能)和遵循共同的规范(如不能迟到)。另外,他们的衣着(如校服)、说话的风格可能与其他群体不同。

二、社会群体的类型

各群体之间有什么差别呢？家庭和学校是同样的社会群体吗？或许对社会群体进行分类有利于我们进一步理解社会群体。

（一）初级群体和次级群体

根据成员间关系的亲密程度，我们可以把社会群体划分为初级群体和次级群体。**初级群体**（Primary Group）即一个相对较小、有多重目的的群体，在那里互动是亲密无间的，并存在一种强烈的群体认同感。初级群体也被称为首属群体，因为"初级"除了蕴含面对面直接互动之意外，还蕴含初级群体是社会成员在其人生道路上最早的所属群体之意。例如家庭、邻里、朋友圈。

次级群体（Secondary Group）是为达到特殊目标而特别设计的群体，其成员主要以次级关系为主。与初级群体相比，次级群体成员之间并不是亲密无间的，而是缺乏情感深度的关系。换言之，次级群体具有非人格的特征，不是提供情感支持或自我表现的场所。在现代社会，次级群体越来越普遍，例如同事、社团成员、顾客与消费者。我们最熟悉的次级群体是正式组织，将在本章稍后讨论。

（二）正式群体和非正式群体

根据成员互动的正式化程度，可以将社会群体划分为非正式群体和正式群体。成员资格和职责没有严格的规定，其活动也不受明确的规范，就是**非正式群体**（Informal Group），反之就是**正式群体**（Formal Group）。学校、工厂、公司等是正式群体。邻里、朋友、老乡、共同爱好者是非正式群体。一般来说，正式群体是社会稳定的基础，非正式群体则能增强社会活力。

在现代生活，人群结合的方式呈现正式化程度加强的趋势。例如，2011年，最高人民法院对《中华人民共和国婚姻法》的最新解释明确强调婚后一方父母出资为子女购买不动产且产权登记在自己子女名下的应认定为夫妻一方的个人财产。可见，由感情纽带维系的夫妻关系越来越正式化。

（三）内群体与外群体

根据成员对所属群体的心理归属，可以将社会群体划分为内群体和外群体（图 6-2）。**内群体**（In-group）指的是群体成员对其有忠诚感的群体，如同门师兄弟。反之，除内群体之外的其他群体就是**外群体**（Out-group）。内外群体之间存在着双重标准，人们会用道德的标准来衡量内群体，例如，认为内群体成员之间常常具有团结、亲密、忠心和合作等特征；同

图 6-2 内群体与外群体

时,人们用罪恶的标准来衡量外群体。有些内群体通过一些标志来排除其他成员,如肤色曾一度成为美国人区分种族的重要标志。而在现代社会,各种俱乐部会员的身份越来越成为区分群体的标志。

上述的分类并未穷尽,还可以根据所属成员的人数、成员的归属方式等标准进行群体分类。另外,各类型之间存在各种各样的相互联系。例如,内群体更可能来自初级群体,而不是次级群体。

三、社会群体结构

俗话讲"一回生,二回熟"。"生",指我们面对陌生人时可能会产生一定程度的紧张。而"熟"可以克服这种紧张。这种紧张的克服是因为我们之间的关系形成了一定的规范、地位、角色系统。换言之,是形成了一定的群体结构,**群体结构**(Group Structure)解决了群体当中每个群体成员如何表现的问题。

(一)群体规模

群体规模是群体结构最为外在的、明显的要素。最小规模的社会群体只有两位成员,如由一对夫妻组成的家庭。两人群体的关系纽带是最强的,成员总是考虑对方,从而产生强烈的亲密感和团结感。但当一方退出时,群体也就终止。例如,夫妻是很亲密的关系,当一方退出时,夫妻关系就终止了。

超过两人以上的群体就会带来全新的结构特征。在这类结构中,成员关系并不是单一的,随着成员数量的增加而呈现几何级数增长。例如,在一个有 A、B、C 的三人群体中,至多形成 3 对关系组合(见图 6-3,左图);而一旦加入 D,那么,可能形成的关系可达 6 对(见图 6-3,右图)。更为重要的是,成员之间会形成一个核心,并且各成员会根据与核心的亲疏程度呈现不同的分布。根据与核心的距离,就有核心成员与边缘成员之分;相应的,各不同类型成员遵循不同程度的规范。随着成员数量的增加,成员之间的互动就不再是依靠感情来维持,而是依靠正式的规范。这样,初级群体就可能向次级群体转变。

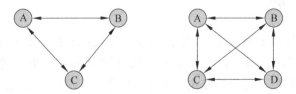

图 6-3 群体规模

(二)群体规范

试想,在晚宴和会议上,应该怎样安排座位? 下班后,你会找谁一起吃饭? 这些问题需要群体规范来回答,它告诉成员应该如何行动以及违规意味着什么。**群体规范**是指在群体活动中适合群体成员行为要求的一种期望和标准化观念。规范对成员有约束作用,规范调整成员行为。例如,村规民约规定村民的行为规范(图6-4)。

(三) 群体角色

在群体中,各成员的地位并不是平等的。因而,各成员扮演不同的角色,遵循不同的群体规范。在群体中,影响群体结构的最重要角色是领导。那么,什么样的个体最具有领导潜质呢? 据研究,在以下几个方面比较突出的个体一般更易成为领导:具备智慧、学识、观察力、语言表达能力以及解决问题等能力;具备受人欢迎、合作、诚实可信等品格;具备积极主动、责任心强、有毅力等品质。

图 6-4　思想道德和社会诚信行为规范

第二节
家庭——典型的初级群体

我们一生中的大部分时间在家庭中度过。家庭也是个人最初接受社会化的场所。因而家庭是基本的社会群体,被形象地称为社会的细胞。家庭是典型的初级群体,成员通过亲缘和血缘等纽带联系起来。家庭中,成员间的亲密程度、情感的投入程度、归属感的获得是其他社会群体难以比拟的。

一、什么是家庭

家庭(Family)是以婚姻关系、血缘关系或收养关系为基础的人类生活的基本群体。婚姻关系是家庭的本质关系,血缘关系则是从婚姻关系派生出来的,是婚姻关系的延续。[1] 随着社会的发展,家庭的功能在不断发生变化。在现代社会,家庭承担的功能逐渐减少。例如,正式教育由学校承担,养老也逐渐由社会承担。但家庭仍然承担 3 种基本功能:社会化、提供情感和性规范。

---

[1]　吴增基等.现代社会学[M].上海:上海人民出版社,1997:135.

社会学之窗

家还是房子

有一个富翁醉倒在他的别墅外面,他的保安扶起他说:"先生,让我扶你回家吧!"

富翁反问保安:"家?!我的家在哪里?你能扶我回得了家吗?"保安大感不解,指着不远处的别墅说:"那不是你的家吗?"

富翁指了指自己的心口窝,又指了指不远处的那栋豪华别墅,一本正经地、断断续续地回答说:"那,那不是我的家,那只是我的房子。"

家,就是有个人,点着灯在等你(图6-5)。

图 6-5　家是什么?

(一) 社会化

社会化开始于家庭。家庭作为一个小群体,家庭成员经常进行面对面、亲密的接触。儿童在家庭的"耳濡目染"中学会认识自己,学习如何生存,如何获得关心、安全、爱,怎样去期望生活,怎样对待别人(图6-6)。父母把子女看作他们生物体和社会体的延伸,通常对子女的社会化有很高的期望,并且关注他们的生理与社会发展。因而,父母在培养子女上投入了很多感情。

图 6-6　"妈妈,洗脚"

在现代社会,父母为了工作忙忙碌碌,与子女相处的时间越来越少。代替父母照顾小孩的是幼儿园及各种教育机构的老师。各种幼教及其他机构似乎成为家庭社会化的替代机构,但这是不容易的。例如,以色列试图运用集体农庄取代家庭。在集体农庄生活的孩子们与父母分开居住,年龄相仿的孩子与经过训练的成人生活在一起。但是,越来越多的集体农庄中的儿童与父母生活在一起。可见,家庭的社会化功能是不容易被其他机构取代的。

社会学与生活

幼教机构与家庭功能变迁

近年来，各种幼教机构如雨后春笋般迅速发展。如何从家庭功能变迁这一角度解释这一现象（图 6-7）？

图 6-7　设施齐备的幼教机构

（二）提供情感

在现代社会，家庭的第二个功能是为其成员提供情感支持和陪伴。一个缺乏亲情关怀的孩子，其生理、智力、情感的发展可能受到影响。许多成年人成家之后也会与父母、兄弟姐妹住在邻近的社区，以获得情感支持和陪伴。特别的，一方面，小家庭与其他亲戚分开，只是偶尔访问；另一方面，家庭因工作调动而流动性增大，使得人们更加需要从家庭成员那里获得亲情和温暖。因而，在现代社会，家庭在提供情感方面扮演越来越重要的角色。事实上，提供情感和陪伴已成为现代家庭的核心功能（图 6-8）。

图 6-8　有父母陪伴的童年是幸福的

（三）性规范

在人类历史中，几乎没有一个社会提倡性滥交。但是支配性行为的观念在不同的历史时期、不同的民族却不同。例如，有些社会认同婚前性行为，有些社会则强烈反对；有些社会从不认同到认同婚前性行为。尽管各个社会的性规范不同，但没有一个社会把性行为完全交由个人做主。社会对性行为如此关注的一个重要原因是怀孕的可能性。新生儿需要得到多方的照顾,这是整个社会的共同利益。一旦小孩诞生,父母就有明确的责任为小孩提供食物、居住和爱。性规范能够保证儿童获得良好的照顾和代与代之间的平稳过渡。

此外,家庭还具有经济、人口再生产、赡养与抚养等功能。

二、家庭的结构

家庭是社会的基本单位,但是家庭的形态并不是一成不变和统一的,而是呈现各种形态,例如,家庭的权威模式在不同时期并不同。

(一)亲属与家庭

亲属与家庭并不同。**亲属**(Relative)是指一些有着共同祖先或血缘的人或靠姻亲关系或养育关系联系在一起的人组成的社会网络。亲属可以包括父母、兄弟姐妹、(外)祖父母、姑舅祖父母、叔伯祖父母以及第一、第二、第三顺序的堂(表)兄弟姐妹等。亲属的成员身份是由文化决定的。亲属不必住在一起,但他们彼此之间具有某种责任和义务,一般在婚丧等仪式中要担任一定的角色。

家庭是亲属关系中相对较小的户内群体,是一个相互合作的单位。有些家庭包括几代同堂,他们一般住得很近,共同提供食物、维持家计、照顾小孩和老人。大部分人属于两种不同的家庭。一种是生育他们的家庭,称为出身家庭;一种是结婚生子后组建的家庭,称为生育家庭。年轻男女一旦结婚,某一方便移住到配偶家,成为配偶家的一分子。在中国,当这两个家庭发生冲突时,人们往往偏向于出身家庭,而美国则相反。

(二)家庭中的权威

家庭结构(Family Structure)包括在父权家庭、母权家庭和平权家庭,它们反映家庭的权威分布状况。在**父权家庭**(Patriarchal Family),大部分权威由最年长的男性拥有。虽然女性也有自己的权力范围,例如照顾小孩和承担家务,但是,最终的裁决权在男性。相反,在**母权家庭**(Matriarchal Family),大部分权威掌握在最年长的女性手中。在现代社会,随着越来越多的女性开始工作,她们更少依赖丈夫,进而提高女性在家庭中的地位,一种新的家庭结构即**平权家庭**(Equalitarian Family)逐渐出现。同时,男性在外工作的时间加长,削弱了他们在家里的权力。因而,在现代社会,丈夫和妻子在权力和特权上大致平等(图6-9)。

图6-9 丈夫也来做家务

以前,妻子是全职的家庭主妇;到了现代社会,丈夫也要分担家务劳动,夫妻权力取得了相对的平衡。

(三)婚姻居所

根据结婚后夫妇建立的家庭所居住的地点,婚姻居所的类型可以分为从夫居和从妻居两种。**从夫居**(Patrilocal Residence)是指婚后夫妇俩住在丈夫父母的家里或者与他们住在同一个社区。而**从妻居**（Matrilocal Residence）则与之相反（一般称为入赘）。在现代社会,一种新的居住方式出现了,称之为**单居制**（Neolocal Residence）,即婚后夫妇俩不与任何一方父母或亲戚住在一起。甚至有些父母是随着子女居所的变迁而变迁。如一些生活在农村的父母随着子女在城市里面组建家庭而搬进城市跟子女一起居住。这种单居制有利于家庭独立,夫妇俩有更多的隐私权、流动性和个人认同感,但有可能使得这个家与整个亲属网络割裂开来。

（四）世系与继承

亲属和血缘关系世代相连的方式就是**世系**（Descent）。世系相传和财产继承有 3 种方式。**父系继嗣**（Patrilineal Descent）即家庭中父亲这一边的叫作亲属。在父系体系中,男性沿男性一边继承财产;女性通常没有权利继承。而**母系继嗣**（Matrilineal Descent）是指家庭中母亲这一边的叫作亲属;世系沿女性一边传承,财产也是由母亲留给女儿。还有一种是**双系继嗣**（Bilateral Descent）——包括美国在内的大多数工业化国家都是这种体系——孩子们的亲戚与父母两边家庭都有联系,无论男孩还是女孩都有权继承。①

三、现代化下的家庭

在人类历史发展的不同时期,家庭的结构、功能、规模和活动方式等各方面发生了巨大的变化。如在传统社会,家庭几乎承担了所有的社会功能,从儿童的社会化、教育到养老无所不包。传统社会宗族的观念深厚并且在社会上发挥重要作用。而在现代,一些原来由家庭承担的功能让位给社会,如教育。同时,家庭的规模越来越小。具体的,现代化对中国家庭的影响如下。②

第一,婚姻家庭生活的自主化。随着我国的现代化建设,特别是改革开放以来,个体从市场中获得生活资料,更少依赖于家庭(甚至家族),个体选择婚姻的自主性增强,父母更多的是提供参考。婚姻不再是受命于父母或者带上浓厚的政治色彩。

第二,婚姻目的和功能趋于现代化。在现代社会,特别是随着独生子女政策的落实、避孕措施的推广,促进了性与生育的分离,性的生育目的日趋淡化,性快乐和性健康功能增强,性生活在婚姻中的作用更加突出。从而,现代婚姻的目的不再只是为了传宗接代,而是满足双方的生理、心理多方面需求,求得个人全面发展。

第三,家庭中心的个体化。在现代社会,个体物质需要和精神需求的满足从家庭转向了社会,个体对家庭的依赖大为减弱,个体独立意识增强,个体更多地追求个人利益。于是,以家庭为中心转向以个体为中心,家庭本位让位于个体本位,这在一定意义上讲是一个进步。但这一变化也内含着一些消极因素,这就是家庭成员过于强调自己的利益,以个人为中心,从而导致了家庭责任感的淡化甚至缺乏。

第四,家庭由封闭走向开放,家庭观念淡化。计划经济体制下的社会是一个封闭、静

---

① ［美］戴维·波普诺. 社会学(第十一版)［M］. 李强等译. 北京：中国人民大学出版社,2007：434.
② 李桂梅. 中国传统家庭伦理的现代转向及其启示［J］. 哲学研究,2011(4)：114-118.

态的社会,缺乏竞争,吃大锅饭,生活节奏缓慢,活动范围狭小,人们看重的主要是血缘关系和亲缘关系,具有强烈的家庭观念。现代社会随着市场经济的发展,经济信息和人际关系的重要性日益增加,这促使人们不断地巩固和加强业缘关系,人际关系网络急剧增大,从而相应地淡化了血缘关系和亲缘关系,家庭结构逐渐松散,并日趋小型化。

第五,婚姻家庭的价值观念多元化。在当前新旧体制此消彼长的交替更迭之际,新旧规范同时并存而造成的内部冲突和新旧规范不能适时衔接而导致的空当加剧了社会成员思想意识形态领域的失范状态,使人们的思想价值观念从一元走向多元,家庭伦理的评价标准呈现多样化的状态。

第六,离婚率上升。在当今家庭的嬗变中,最令人瞩目的现象是持续上升的离婚率,这是工业社会发展的必然结果。自改革开放以来,在现代化浪潮的推动下,随着女性地位和婚姻期望值的提高,我国也面临离婚率激增的问题。

从总体上来看,现代中国仍然处于从传统社会形态向现代社会形态的过渡、变迁和转型中。在这样的背景下,家庭的结构、功能、活动呈现多样化。

第三节 社会组织——次级群体

随着社会发展,社会分工越来越明确,社会流动性越来越强,初级群体成员之间的关系变得越来越松散。社会不能只依赖初级群体来运转,它的一些功能也发生迁移,例如,原来由家庭提供的教育功能,现在由学校提供。在这种背景下,社会群体越来越规范化、正式化,正式组织应运而生。人们越来越生活在被称为正式组织的次级群体中。

一、社会组织概述

(一)社会组织的含义及特征

现代社会学对**社会组织**(Social Organization)的理解,一种是从静态角度把社会组织理解为一种与初级群体不同的次级群体,即为实现某种特定目标而有意识建立起来的社会结构单位;另一种是从动态的角度把社会组织理解为将分散的社会成员聚合起来,并对他们的行动进行有效协调和管理的过程,也即社会的组织化过程。

社会组织具有如下特征。第一,社会组织具有一定的目标性,这也是社会组织最重要的特征,是组织存在的依据;第二,社会组织具有一定的劳动分工和权力分配的特征,这使得社会组织能够有序运转;第三,社会组织具有一定的排他性,只有具备一定资格的社会个体才能成为社会组织的成员；第四，社会组织具有非人格化的特征，人与人之间的关系呈正式化特性，如同事、上下级关系，用规章制度约束人的自主性和随意性。

（二）社会组织的要素

社会组织的构成要素一般包括组织目标、行动规范、人员组成、权力结构和技术设施等。组织要素是组织的最基本单位，组织要素决定了组织的结构、功能、属性和特点。管理好组织的一般要素对提高组织管理效率意义重大。

1. 组织目标

社会组织各个成员可能带有千差万别的目标和愿望，可能发生冲突。为了解决冲突，需要社会组织确定统一、明确的目标代替各种各样的个人目标。例如，进入企业的年轻人，有的想干一番事业、有的想多赚一点钱，还有的想多交几个朋友，但是到了企业之后，这群年轻人会被安排到各自的岗位上，围绕企业的共同目标工作。统一的组织目标被细分为各种子目标，从而实现了组织的分工和协作。组织是为了实现某种目标而成立的，组织目标确定了组织的活动方向，是团结组织内所有成员的动力。

社会组织作为社会分工的产物，有着自己独特的目标。这也是各个组织相互区别的一个标志。不同组织的目标不同，组织内部各个不同的部门，甚至不同的成员之间的目标也是不同的。在一个社会组织中，不同的目标呈现逐层服从的关系，从而避免目标的冲突。

2. 行动规范

社会组织一般具有正式的规章制度来确定组织及其成员的行动规范。它们规定组织成员的职责和组织成员之间的关系。正式的规章制度使得组织成员的互动能够通过间接或非接触的方式进行。行动规范不仅有书面的、正式的，还有非正式的，如习惯和习俗。同时，行为规范把各个成员各自相互独立的行动有机地结合起来。例如，学校和公司规定统一的上下课或上下班时间。

3. 人员组成

一定数量的人员是组织生存的先决条件，但并不是任何个体都可以随意取得某一特定组织的成员资格。社会组织有特定的目标，甚至同一个组织的不同部门对其成员也有特定的期望。个体必须具备一定资格。例如，具有一定的专业技能或心理素质，才能成为组织的一员。这些主要反映在组织招聘要求中。

4. 权力结构

组织成员之间除了通过目标将他们静态结合起来外，还需要明确的指挥链条，将各个成员动态结合起来。这个指挥链条主要通过权力结构来实现。在现代社会组织，权力结构是指决策者、管理者和执行者所构成的一种"支配—服从"体系及权威的内部分工体系。决策者以指令的形式将其意志通过管理阶层下达给执行阶层，并确保指令得以贯彻实行。为了使权力能够运行，指令一般伴随着特定的奖惩。举例来说，总经理决定本月要达到上百万元人民币的销售量，他会将这个目标下放给部门主管，部门主管再将这指标细化给各个销售人员。当销售人员能够完成甚至超额完成任务时，往往会得到奖励；反之，可能会被扣奖金。上面的权力结构是一种自上而下纵向的权力体系，在组织内部还存在一种横向的权力结构,它使得同一层级的不同权力能够明确分工负责、彼此配合、相互协调。例如,市场营销部与广告部为平级的两个部门,这有利于它们开展合作。自上而下纵向的权力体系和横向的权力结构构成组织中相互交叉的制度化权威体系(图 6-10)。

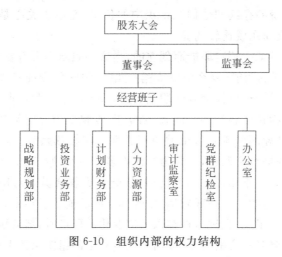

图 6-10　组织内部的权力结构

5. 技术设施

组织一般是实体的,其活动不仅需要场所和工具等"硬"设施,还需要成员熟练运用这些设施完成个体活动的"软"技术。"硬"设施需要组织的配置,而"软"技术则需要组织对成员的培训及成员自身知识和技能的积累。

上述社会组织构成的 5 个要素对组织活动的顺利开展不可或缺。然而,如果组织活动要顺利开展,还要考虑外界因素。因为社会组织需要与外界发生物质、能量和信息的交换。如果这种交换发生故障,那么组织的生存就会受到威胁。因而,组织的管理者应当时刻注意环境的变化,对组织的各种要素做相应的调整。

二、组织变迁

组织需要与环境交换物质、能量和信息,才能维持自身的生存和发展。当环境发生变化时,组织需要做出相应的变动。组织是如何变化呢?

当组织首次建立时,组织目标弹性比较大,其成员之间的关系多是非正式的与灵活的,这时成员选择行动的自由空间比较大。随着组织成员之间关系的明确和互动方式的模式化,也就是说,随着经验的积累,非正式事务的处理方式发展为正式规则。此时,按照组织制定的固定程序,成员间就会产生正式的关系,同时,组织的目标也逐渐变得固定和缺乏弹性。

上述过程描述的是组织的制度化。**制度化**(Institutionalization)一词可界定为从不稳定、无严谨的模式及仅有技术的行动方式发展为有秩序、稳定及社会整合之形式和结构的过程。[①]　一方面,制度化使组织变得更有秩序,组织的目标和组织成员的行动也更具预测

---

①　谢高桥.社会学[M].台北:巨流图书公司,1994:171.

性,成员之间的合作更加协调和稳定,这些都有利于积累有益经验,减少错误和实现组织目标。另一方面,组织的制度化可能造成组织结构和目标过度僵化,可能妨碍组织对社会环境的适应。特别的,当制度化到一定程度,组织成员会在组织当中形成不同的利益。当组织成员过分关注自身的存续和他们在组织中的位置,而不去关心是否与组织的实际目标相符时,制度化的反作用就比较明显。

通常组织是为履行某一特定职能而创立的,当这一职能不再需要时,该组织就面临重大危机:要么去发现新的职能,要么坐以待毙。此时,组织的领袖和成员如果重视组织的利益,就应转变组织目标,适应社会其他职能需求,开创出新的利益点。这样,组织就能够在变化的环境当中继续存续和发展。例如,创立于19世纪中叶的基督教青年会本是一个福音派的组织,旨在劝导那些流入城市的单身男性青年皈依宗教。随着对这一职能需求的下降,该组织成功地进行了调整,转化为行使许多"一般性服务"的职能,着眼于人的"修身养性",这与该会初衷并不相悖。与此同时,该会在吸收会员时对申请者的教派背景放宽了尺度。结果,这个组织一直兴旺发达,尽管其原始职能早已转变。而妇女基督教禁酒协会和汤森运动等一类组织,在进行调整以适应变化的环境时,却遇到极大的困难。妇女基督教禁酒协会死抱着老一套的教条,故而未能将自己的组织保留下来。[①]

此外,组织变迁受到新分子特别是新领导的加入、与其他组织的竞争、新技术的发展以及新市场的开拓等因素的影响。总之,组织变迁的外在因素是重要的,但不是所有的组织变迁都由外在因素所引起,每个组织本身也存在变迁的因素。组织内各种职位间的权力关系的改变,沟通模式的阻塞或领导模式转变,都可能引起组织变迁。

三、科层制

科层制又被称为"官僚制",是现代社会组织的主导形式(图6-11)。在20世纪早期,马克斯·韦伯对科层制进行了经典性分析。在韦伯看来,**科层制**(Bureaucracy)是一种理想类型的行政组织,是指一种以"分部—分层"、"集权—统一"、"指挥—服从"等为特征的组织形态,是现代社会实施合法统治的组织。之所以说科层制是一种理想形态的组织,是因为从纯技术的观点看,它是高度理性化的、效率最高的组织形式,虽然广泛适用于政府、军队、宗教团体及商业机构中,但是难以完全达到。科层制的具体特征如下。

图6-11　科层制的层级

第一,职业化。组织成员把他们的职务视为唯一的或主要的职业,而不是兼职。第二,层级节制。组织成员处于固定的职务等级制度之中、拥有固定的职务权限,高级职务监督低级职务。第三,规则化。组织通过协议的或强加的制度都以理性

① [美]塞缪尔·P.亨廷顿.变革社会中的政治秩序[M].王冠华,刘为等译.上海:上海世纪出版社,2008:13.

为取向,并制定成组织章程,同时有权要求团体的成员必须尊重它。第四,非人格化。组织成员没有憎恨和激情,因此也没有"爱"和"狂热",处于一般概念的压力下;"不因人而异",形式上对"每个人"都一样。也就是说,理想的组织成员根据其职务,管辖着处于相同实际地位中的每一个有关人员。第五,技术化。组织成员根据专业业务或相关技能资格任命。技能资格指一般通过考试获得的、通过证书确认的专业业务资格。第六,公、私分明化。组织管理班子同行政管理物质和生产物质完全分开的原则是适用的。同时存在着职务机关(企业)的财富(以及资本)与私人的财富(家庭预算)完全分开的原则,以及职务运作场所(办公室)与住所完全分开的原则。

建立科层制的主要目的是为了提高效率,它具有如下优点:严密性,通过严格的岗位责任制确定每个成员的工作职责;合理性,组织中专业技术知识居于中心地位;稳定性,非人格化秩序可摆脱长官意志,虽然从事某一工作的个人经常会变动,但是雇员是忠于整个组织而不是个人;普适性,科层制适用于公共与私营部门。

当然,科层制也有许多缺点:科层制组织的僵化、臃肿,使其难以适应社会环境的变化;理性主义的极端化和对人性的损害导致了人的异化;目的和手段的倒置使形式合理性步入误区。科层制还可能使成员产生过分谨慎的态度,极力维持现状,趋于保守。即使如此,科层制仍然是现代社会的主要组织形式。

社会学之窗

不能胜任的监工[①]

米尼恩是艾克西尔市公共工程部的维修领班,他为人亲切和气,因而深获市政府高级官员的赏识和称赞。一名工程部的监工说:"我喜欢米尼恩,因为他有判断力,又总是愉悦开朗的样子。"米尼恩的这种性格恰好适合他的职位:因为他不必作任何决策,自然也没有和上司意见分歧的必要。

后来那名监工退休了,米尼恩接替了监工的职务。和以前一样,他依然附和大家的意见,上司给他的每个建议,他不经选择就全部下达给领班,结果造成政策上的互相矛盾,计划也朝令夕改,不久整个部门的士气便大为低落,来自市长、其他官员、纳税人以及工会工人的抱怨接二连三。

至于米尼恩,他依旧对每个人唯唯诺诺,仍旧在他的上司和部属之间来回传送信息。名义上他是一名监工,实际上他做的却是信差的工作;他所负责的维修部门则经常超出预算,而原订的工作计划也无法达成。简言之,米尼恩以前是一名称职的领班,现在却变成不能胜任的监工了。

思考:科层制会对人格提出要求吗?这对个人发展产生怎样的影响?

---

① [美]劳伦斯·J.彼得,雷蒙德·赫尔.彼得原理[M].闾佳等译.北京:机械工业出版社,2007.(有删改)

📖 本章要点

- 社会群体是指通过一定的社会关系结合起来进行共同活动的集体。
- 根据不同的分类标准,可以将社会群体分为初级群体和次级群体、正式群体和非正式群体、内群体与外群体等。
- 社会群体结构主要包括群体规模、群体规范和群体角色。
- 家庭是以婚姻关系、血缘关系或收养关系为基础的人类生活的基本群体。家庭承担3种主要功能:社会化、提供情感和性规范。
- 家庭是亲属关系中相对较小的户内群体,是一个相互合作的单位。家庭结构包括在父权家庭、母权家庭和平权家庭,它们影响着家庭中的权威分布。在不同的社会中,家庭根据结婚后夫妇建立的家庭所居住的地点分为从夫居和从妻居两种。亲属和血缘关系世代相连的方式就是世系。世系相传和财产继承有3种方式:父系继嗣、母系继嗣和双系继嗣。
- 现代化对中国家庭的影响:第一,婚姻家庭生活的自主化;第二,婚姻目的和功能趋于现代化;第三,家庭中心的个体化;第四,家庭由封闭走向开放,家庭观念淡化;第五,婚姻家庭的价值观念多元化;第六,离婚率上升。
- 从静态角度把社会组织理解为一种与初级群体不同的次级群体,即为实现某种特定目标而有意识建立起来的社会结构单位;从动态的角度把社会组织理解为将分散的社会成员聚合起来,并对他们的行动进行有效协调和管理的过程,也即社会的组织化过程。
- 社会组织的构成要素一般包括组织目标、行动规范、人员组成、权力结构和技术设施等要素。
- 当一个组织首次建立时,组织的目标弹性比较大,其成员之间的关系多是非正式的与可适应的,这时成员选择行动的自由空间比较大。随后该组织会经历制度化。此外,组织的变迁受到功能变迁、新分子特别是领导的加入、与其他组织的竞争、新技术的发展以及新市场的开拓等因素的影响。
- 科层制是一种理想类型的行政组织,是指一种以"分部—分层"、"集权—统一"、"指挥—服从"等为特征的组织形态,是现代社会实施合法统治的组织。

思 考 题

1. 什么是社会群体?根据不同标准有哪些分类?
2. 什么是初级群体?什么是次级群体?各有什么特征?请举例说明。
3. 社会群体结构的基本组成要素有哪些?
4. 请联系中国社会实际,阐述现代家庭建设的意义。
5. 社会组织需要具备哪些构成要素?与初级社会群体相比,又具有哪些特征?
6. 科层制有哪些特征?有何优点和弊端?

推荐阅读书目

1. 于显洋. 组织社会学(第二版)[M]. 北京：中国人民大学出版社,2009.

2. 费孝通. 生育制度[M]. 北京：商务印书馆,2008.

3. 林耀华. 金翼：中国家族制度的社会学研究[M]. 庄孔韶,林宗成译. 北京：生活·读书·新知三联书店,2008.

4. 王亚南. 中国官僚政治研究[M]. 北京：商务印书馆,2010.

5. [美]彼得·布劳,马歇尔·梅耶. 现代社会中的科层制[M]. 马戎等译. 上海：学林出版社,2001.

6. [德]马克斯·韦伯. 经济与社会(第2卷)[M]. 阎克文译. 上海：上海人民出版社,2010.

第七章

社区与城市化

　　我们常说"小地方，大社会"，社区就是这样一个能反映大社会的小地方。我国著名社会学家费孝通先生的《江村经济》、《乡土中国》被誉为认识中国社会的范本，他这种对中国社会全面的认识，就建立在大量社区研究的基础上。

　　通过本章的学习，你将了解社会学意义上的社区概念，学习作为重要社区形态的城市的变迁，最后，我们将进一步探索城市化及其特点。

社区概述

新石器时代，人类开始定居并修建半永久性的村舍。从此，地域空间对人类产生深远的影响。俗语"一方水土养一方人"形象说明了空间对人们的生活状况、性格等方面的影响。对于人类来讲，最重要的活动空间之一就是社区。

一、什么是社区

（一）社区的含义

社会学意义上的社区，最早是由滕尼斯（Tönnies）[1]在 1881 年提出的。滕尼斯认为，**社区**（Gemeinschaft[2]）和**社会**（Gesellschaft[3]）是两个完全不同的概念，社区和社会是任何群体组织中必不可少的两个结构性要素，体现了截然相反的人际关系。具体来说，社区是以古老的自然意志为基础的关系，人们的关系是亲密无间的。人们守望相助、服从权威，遵循共同的信仰和风俗，呈现一种共同体的状态，典型代表是自然村（图 7-1）。而社会则是由契约关系和理性意志形成的社会组合，人们因谋求自己的利益而结合起来。

图 7-1　守望相助的村庄

---

① 费迪南德·滕尼斯，Ferdinand Tönnies，1855—1936。

② 德语，即"礼俗社会"，或称为"共同体"。

③ 德语，即"法理社会"。

随着时代的变迁和社会的发展,社区的内涵被赋予新的内容。滕尼斯强调的是社区和社会在结合纽带上的区别,并没有特别强调地域性。而美国芝加哥学派在研究社会共同体中发现地域是不能被忽视的重要因素,因为空间等因素影响社区的形成、发展。这也影响了我国学界对社区的界定。

社区(Community)是进行一定的社会活动、具有某种互动关系和共同文化维系力的人类群体及活动区域。例如,村庄是以共同居住的地理空间为基础形成的社区;血缘社区则是由具有血缘关系的人形成的社区;宗教团体也叫精神社区,是以共同的目标和合作为基础形成的社区,更侧重对共同文化的追求。

(二)社区的构成要素

新建的小区是不是"社区"? 社区包括哪些要素呢?

首先,社区都存在于一定的地理空间中,例如村落、集镇。地域为社区里面的人们提供生产和生活资料,例如耕种的土地和一定的设施,包括生活设施、交通通信设施和文化娱乐设施。当然,随着网络信息技术的发展和网络虚拟社区的兴起,人类群体越来越能够摆脱地域的限制,地域这一要素的重要性逐渐受到挑战。

其次,社区的存在离不开一定数量的人口。没有一定数量的人口就无所谓人类群体,也就无所谓社区。当然,一定数量的人群并不是指随意的一群人,比如一群互不相识的旅客,并不一定是群体,更谈不上构成社区。总之,社区的人口必须是结成一定社会关系的社会群体。

再次,社区形成一定的文化维系力。社会学意义上的社区不仅指自然地区,还包含人文因素。在同一村庄里,村民不只是居住在一起,他们往往还使用共同的语言、有共同的祖先和归属感、遵循共同的习俗和信仰。当然,同一社区往往会形成一定的规范,比较常见的有村规民约、小区文明公约等。

最后,生活在社区中的每个人都处于一种依赖的互动关系中。人们需要扮演一定的社会角色,而社区不仅为成员的角色扮演提供"搭档",还提供"舞台"。例如,居家养老往往需要一些社区成员扮演志愿者的角色照顾老人;村庄、小区的庆典活动往往需要各成员相互配合,扮演各种角色。正是各种互动关系将社区成员联系在一起。

尽管具体的社区在规模和性质上会有所不同,但一般都包括以上基本要素:地域和人口在物质尺度上为社区提供物质基础;文化维系力在心理尺度上为社区提供凝聚力和认同感;社区中的互动关系在社会尺度上为社区提供运转的机制。这3种尺度相互联系、相互影响,形成一个有机整体。

社会学与生活

村 庄 文 化

一些自然村落每逢村里的重大节日,往往会举行庙会,包括舞龙舞狮等活动,十分热闹(图7-2)。

思考:从社区的角度来看,这些活动会影响自然村哪些要素?

图 7-2　村庄节日里的舞狮

（三）社区与社会的关系

社区也被称为"小社会"，那么，社区和社会有哪些异同呢？其实，两者都是指人类生活的群体形式，社区是一种特殊的社会形式而已。不同的是，社区强调的范围是在具体地域内，而社会则不注重地域概念；社区强调人群关系的亲密性，而社会则不注重；社区强调"共性"，例如社区意识，而社会则不重视；社区的功能相对于社会更加专门化和明确，但不具有社会功能的多样性和复杂性。例如，"精神社区"一般从事单一的、具体的宗教活动，并不具备生产等社会功能。

二、社区的分类

在了解构成社区的 4 个基本要素后，我们如何进一步把握形形色色的社区呢？不同社区之间有什么差异呢？这需要从划分社区的类型开始。

（一）自然社区与法定社区

按照社区的形成方式可以将社区划分为法定社区和自然社区。

自然社区是指由于人们在长期的共同生活中自然而然产生出共同意识，并形成人们对居住地的归属感和认同感的社区。最为典型的自然社区是自然村，常以河流、湖泊、空地和山林等为标志。

法定社区一般是政府基于管理的需要而划定的，是一种人为规定的社区，例如农村中的村委会和城市中的居委会。一般的，法定社区是政府实施社会管理的单位，边界比较清晰，社区中的权力关系较强，居民的归属感和认同感不如自然社区那么强烈。但是，有些法定社区和自然社区是重合的，如将农村中的自然村划定为行政村。

（二）巨型社区、中型社区与微型社区

根据社区的规模大小（一般包括人口数量的多少和地域面积的大小）可以将社区划分为巨型社区、中型社区和微型社区。

巨型社区是指人口聚居的数量很多,地域面积很大的社区,如上千万人口的大城市。**中型社区**以小城镇最为典型。**微型社区**如居民小区和自然村落。实际上,如果居住区过于庞大,居民就难以进行较为深入的交往,也就缺乏共同的价值观与亲和力,因而,很难算做社会学意义上的社区。

(三)整体社区与局部社区

根据社区的内部组织形式可以将社区划分为整体社区和局部社区。

整体社区是指有相对独立意义、能够满足基本社会活动需求的社区。成员能够在社区内从事生产、生活等基本社会活动。例如,一个社区里面既有生产活动的设施,又有生活、交通、通信和文化娱乐等设施。

局部社区在功能和结构方面具有相对独立性,社区成员间的"归属感"和"地域感"比较强,但社区具备的功能并没有整体社区那么齐全。例如,宗教社区尽管具备一套关于信仰方面的运作方式和方法,但是,成员需要在宗教社区外从事生产等活动以获得生活资料和信息。

(四)现实社区与虚拟社区

根据与地域的关系可以将社区划分为虚拟社区和现实社区。

非政府组织宽带论坛(Broadband Forum)发布的报告称,2011年全球宽带增长达到了新高,中国的宽带用户数位列全球第一位,达到1.58亿户。在此背景下,虚拟社区蓬勃发展。所谓**虚拟社区**(Virtual Community),是由网民在网络空间进行交往而形成的具有文化认同的共同体及其活动场所(图7-3)。而**现实社区**则是我们一般意义上的社区。与现实社会相比,虚拟社区具有以下特征。

图7-3 网络通信与虚拟社区

第一,交往具有超时空性。随着网络技术的发展,一方面,交流能够超越国界,突破空间界限;另一方面,交流不需要人们时时"在场",通过留言、邮件、回帖等方式突破时间对交流的限制。

第二,成员身份的符号性。在虚拟社区,人们一般不使用真实姓名,而是匿名交往,姓名只是某个符号。例如,QQ名称只是一个符号,难以对应现实生活中的人。这样,人们可以脱离真实身份的限制,尝试扮演其他角色。例如,有一位母亲为了更好地和小孩子沟通,特意在虚拟社区与小孩子结成朋友。当然,过度通过符号这一中介交流的人们容易产生孤独感,甚至染上网瘾。

第三,成员流动性强,人际关系松散。在虚拟社区,人们可以自由进入某个社区;同时,人们可以随时退出某个社区。虚拟社区并不能将人们强留其中。因而,在虚拟社区,人际关系相对较为松散。

第四,自由、平等、民主、自治和共享的准则。在虚拟社区,人们可以自由出入。人际交往的松散和互动的符号性使得传统的权威资源难以进入虚拟社区,人们变得平等。在虚拟社区,人们可以自由表达自己的观点、思想,并且自主管理社区。一般的,虚拟社区会生成共同的规则,如管理员有权删除攻击、谩骂的留言。

社会学之窗

"我行贿了"网站

2010 年 8 月 8 日,在 IT 产业发达的印度,两名"海归"拉马什和斯瓦提创建了一个网站,引发了国际社会越来越大的关注。为什么? 因为网站名叫"我行贿了"(I paid a bribe),专门用来揭露印度猖獗到无孔不入的官员腐败行为,百姓已经越来越不能忍受不塞钱就寸步难行的官衙门和搜刮民脂民膏的官老爷们了(图 7-4)。该网站还卓有成效。例如,有人在该网站揭露参加驾照考试若不给考官"上贡",考生永远别想拿到驾照,总有各种各样的毛病可以让考官取消你的成绩。迫于舆论的强大压力,印度官方对驾照考试进行改革。

图 7-4 "我行贿了"

思考:案例中,虚拟社区对现实社会产生怎样的影响?

(五)农村社区、城市社区与城镇社区

按经济结构、人口密度、人口聚集规模等多元综合标准可以将社区划分为农村社区、城市社区和城镇社区。

农村社区是指以从事农业生产为主要谋生手段的农民所形成的区域范围。在农村社区中,人口密度稀疏、社区成员异质性低;家庭功能健全,血缘关系浓厚;结构比较简单,物质条件比较薄弱。

城市社区是指在特定的区域内,由从事各种非农业劳动的密集人口所组成的社会。城市社区中,人口密度大、社区成员异质性高,社会成员生活多元化;社会组织复杂;人际关系以业缘关系为主(图 7-5)。

城镇社区是指生活在集镇内,不从事农业劳动的人群所形成的区域范围,具有农村向城市过渡的特征。小城镇社区的人口要素与城市接近;结构要素和社会心理要素与农村社区的特征相类似;物质要素介于农村社区和城市社区之间。

图 7-5　城市社区

此外,按照在社区内占主导地位的功能可以将社区划分为经济社区、政治社区、文化社区和军事社区等类型。

社区发展与建设

人们聚群而居,形成一个生活共同体后,便产生了一系列共同需要,例如抵御共同的敌人、解决共同的生活问题,由此产生互助合作的社区行动,成为社区发展最基本的内容。

一、什么是社区发展

(一)社区发展的历程

社区发展(Community Development)是指社区成员在政府机构的支持下,依靠自己的力量,有目的、有组织地改善社区经济、社会和文化状况的过程。在这一过程中,居民自行或者在社区工作者的介入下研究社区的共同需要,协调各方力量,将社区成员组织起来,充分利用社区内部资源,采取互助、自治行动等,以解决问题,增强凝聚力,提高居民生活水平。

社会发展的制度和组织最初来源于欧美国家的社会福利制度和社区福利组织。社区福利组织产生于英国,历经了 14 世纪到 17 世纪长达 300 多年的发展,最终以"济贫法"的社会立法形式确立了福利制度;18世纪末,德国建立了济贫制度——汉堡制度(Hamburg System)和爱伯福制度(Elberfeld System);19世纪,英美普遍产生了慈善组织会和睦邻中心运动。

工业革命之后,西方社会的贫困、犯罪、阶级冲突、都市病、社会堕落和失业等问题日益严重(图7-6)。为此,各国开始以社区为单位开展一系列社会工作,对原有的社会福利制度和社会救济工作进行改革,从而调动了社区居民的积极性,达到了增进社区福利的目的。

图7-6　欧洲工业革命

欧洲工业革命带来了生产力飞速发展的同时,也造成了贫困、犯罪、阶级冲突、都市病、

社会堕落和失业等社会问题,促使福利制度的诞生和发展。

1951年,联合国经济社会理事会通过了390D号议案,试图通过建立社区福利中心,以推动全球的经济与社会发展。1952年,联合国正式成立了社区发展小组,1954年,改为联合国社会事务局社区发展组。该组织在亚洲、非洲、中东和南美等地区推行社区发展运动,并于1957年在发达国家实施了社区发展研究计划。

社区发展是一项世界性运动,第二次世界大战后由联合国倡导,旨在加强国家、政府与社区的联系,激发社区成员的积极性,利用社区自身力量提高社区经济和社会发展水平,改善社区居民生活,解决社区存在的社会问题。

(二)社区发展的目标[1]

从政府机构的角度看,社区发展希望达到以下4个目标:第一,提倡互助合作精神,鼓励社区居民自力更生解决本社区的问题;第二,培养社区成员的民主意识,促进民众积极参与本社区的公共事务;第三,加强社区内部组织与居民的互助合作,提高社区的整合程度,保持社会安定;第四,促使社会变迁有计划地进行,加速社会发展的进程(图7-7)。

具体的,社区发展的目标可以分为以下两种。第一,直接目标,包括协助社区成员认识到自己的共同需要;协助社区运用外部援助和内部资源;协助社区成员通过共同行动改善社区的物质、文化条件。第二,终极目标,包括提高社区的经济发展水平和居民经济收

① 陆学艺等.社会学[M].北京:知识出版社,1991:217-218.

图 7-7　新农村新面貌

入水平;建立良好的社区内部人际关系和合理的社会结构;发展社区居民的民间团体和组织,培养居民的民主意识和自治、互助能力;提倡有利于社会的伦理、道德,发展科学、文化、教育事业。

从社区发展的直接目标和终极目标可以看出,政府在社区发展中起到重要的作用。当然,按照西方的经验,无论是直接目标还是终极目标都只是社区发展的第一个阶段,在第一阶段中,政府和社区两方成为社区发展的主要力量;到第二阶段,政府、社区与非政府组织三方成为社区发展的主要力量;西方在 20 世纪 80 年代后进入整合阶段,出现了公众、志愿者和私人部门等多方力量参与社区发展的模式。当然,我国社区发展的道路不一定与西方的一样,但西方社区发展模式至少可以为我国的社区发展提供借鉴经验。

社会学与生活

社区 QQ 群

徽州区中山社区"和谐一家亲"QQ 群于 2011 年 9 月正式建立,在社区干部入户宣传下,目前辖区 150 余位居民加入其中。社区通过 QQ 群向居民宣传党和政府的各项方针政策,解答居民反映的各种问题。现在居民们足不出户,只需动动鼠标,就能知道社区正在进行的工作,享受到便捷的社区服务。

思考:在社区建设中,政府扮演怎样的角色?新媒体(如 QQ)的发展对社区建设产生怎样的影响?

二、中国社区建设历程[①]

20 世纪 80 年代,基层社区建设成为发展中国家重点发展的领域,被认为是解决社会

---

① 郭凤英,陈伟东.单位社区改制进程中社区治理结构的变迁[J].河南师范大学学报(哲学社会科学版),2011(1):44-48.

矛盾和社会问题的出发点和结合点。在我国，无论是在理论上抑或是在实践中，都对社区建设进行了探索。

（一）社区管理单位化阶段

从新中国成立到20世纪80年代后期，社区治理主要以行政社区治理作为发展导向，其中最为主要的体制是"单位制"。在计划经济体制下，政府凭借对权力和资源的垄断构建"国家一元化"的社会结构，而单位制正是这种"国家一元化"的微观组织基础、制度基础和运行基础，这使得"单位办社区"成为可能。社区融入单位之中，单位集生产、生活为一体，除了"生产经营"之外，还执行着社会管理职能，因此，社区管理职能也由单位来执行。

社区管理单位化具有以下特点。第一，管理空间单位化。例如，建立具有明显"社区单位化"特征的厂区，形成以生产为中心的厂区和以生活为中心的生活区，并且厂区和生活区几乎是重合的。第二，管理组织多层化。在单位内部层级分明，例如，厂长（书记）下设各个行政处室（生产管理处、财务处、综合管理处、保卫处、人事处、劳保处等），还设有公安处、纪检科、行政科等，实现对整个单位的管理。第三，单位功能全能化。单位提供住房、就业、医疗、教育、娱乐等，个人只要进了单位，就有了"生老病死"的保障，当然，个人也不能随意离开单位。这样，单位形成一个个"自治的小社会"。第四，管理主体单一化。在单位内部，主要通过各职能部门完成单位内部的社会管理。"单位包办一切"即单位管理主体只有一个，即单位（准政府）。单位按照行政组织原则，将单位成员纳入自身的行政控制序列当中，对所有单位成员按照行政组织的层级化管理方式开展社会管理。

总之，"单位"可以满足人们基本的生存、生活需求，成为人们获取资源的唯一渠道，离开了单位，人们就失去自己的身份和生存的基础。因此，单位体制对社区形成了强有力的管理。

（二）社区建设阶段

随着经济体制的改革，单位体制面临前所未有的冲击，我国开始探索新的治理方式。单位制不断瓦解，人们从"单位"走向社会，而承接单位部分功能就是社区，人们从"单位人"变成"社区人"。村委会和居委会等自治组织的出现正是这一时期建设的产物。例如，1987年9月，民政部在武汉召开全国城市社区服务工作座谈会，部署在城市开展社区服务工作，探索建设具有中国特色的社会服务体系，提倡民间互助精神，以灵活多样的社会服务形式，为居民特别是有困难的人提供社会福利。1991年5月，民政部领导在听取城市基层组织工作情况后，提出基层组织要抓好"社区建设"的理念和任务，指出社区工作除了社区服务外，还有社区文化、社区医疗、社区康复、社区教育等内容，后来又增加了社区党建等内容（图7-8）。

20世纪90年代，"社区建设"中的社区包括农村的乡镇和村民委员会以及城市的街道办事处和居民委员会，即城乡基层政权和基层群众自治组织。社区建设的任务，是通过强化社区自治组织和其他社区组织，依靠社区力量和社区资源，整合社区功能，发展社区事业，改善社区经济、社会和文化环境，把社区与整个国家的社会生活合为一体，从而促进整个社区进步。

图 7-8　管理主体多元化

可见,政府推动与社区自治结合型的合作治理模式是我国政府所追求的。通过授权和分权,政府把原本由自己承担的社会职能交由社区内的社会组织承担,政府组织的职能转变与社区组织职能的加强同步进行。此时,政府管理层级减少,街道办事处作为政府派出机构与社区组织结合在一起,并逐渐被社区组织所取代,政府组织从而完成了简化与职能转变的过程。[①]

第三节

城市化

根据联合国人口司和美国人口咨询局的统计,2000 年,世界城市人口所占比重为 46%,2005 年为 48%,法国国家人口研究所发表报告指出,随着世界人口城市化进程加快,2007 年世界上已有 33 亿人生活在城市,超过了全球人口总数的 50%。这说明世界有近一半的人口居住在城镇。非农社区越来越成为主流的群体形式。

一、城市化概述

有了城市并不等于城市化,城市化是社会发展到一定阶段才出现的。**城市化**(Urbanization)也称为"城镇化"或"非农化",是指人类生产和生活方式由乡村型向城市型转化的历史进程,表现为乡村人口向城市人口转化以及城市不断发展和完善的过程(图 7-9)。

① 康宇. 中国城市社区治理发展历程及现实困境[J]. 贵州社会科学,2007(2): 65-92.

城市化的动力主要有三个。第一,农业发展是城市化的初始动力。农业发展为城市化提供农业供给,为城市工业提供原始积累、原材料、市场和劳动力。第二,工业化推动城市化。工业革命把人类的主要生产领域从农业转向工业。工业是一种连续性的专业化生产,要求生产的环境具备交通便利、市场发达、生产场所相对集中,并能为大批工人提供集中居住的条件,这些是农村难以提供的。另外,随着工业化兴起的工厂吸引大量的农村人口向城市迁移(见图7-10的A、B过程)。第三,城市生活的吸引也是城市化动力之一。城市的物质生活、文化生活相对而言优于农村,这吸引着村民特别是青年村民。当村民具备进城的条件时,城市必然相对扩张;即使村民不具备进城的条件,城市的生活方式也引导着村民,特别是在大众传媒的作用下,城市的生活方式逐渐渗透到农村。

图 7-9　考学进城

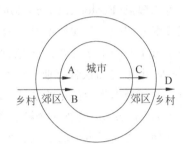

图 7-10　城市化与逆城市化

城市化发展到一定程度时,可能会出现"逆城市化"现象。所谓**逆城市化**(Counter Urbanization),是指城市人口迁往农村居住和农村地区人口增加的现象(见图7-10的C、D过程)。城市化还可能出现"超前城市化"。**超前城市化**(Over-Urbanization)亦称为"过度城市化",指的是城市化速度超过工业化速度造成城市化水平与经济发展水平的脱节,即城市化进程和乡村人口向城市迁移,超过城市工业化和经济发展水平。此外,还存在**滞后城市化**(Under Urbanization),是指城市化水平落后于城市工业化和经济发展的水平,即工业向农村扩散和农村人口就地(就业)非农化。因此,城市化水平并不能完全真实地反映经济发展水平。

社会学之窗

纽约市的郊区化

1940年以前,人们工作生活主要集中在纽约市中心。随着纽约城市规模的急剧膨胀,居住环境严重恶化,原住在纽约市内的中产阶级越来越愿意在纽约郊区购房或建房,公路的发展使公交汽车和小汽车成为人们出行的便利工具,从而使他们能够住在郊外。

20世纪50年代至60年代是纽约实行城郊化的高潮阶段,大量居民由市中心移住郊区。从20世纪60年代至70年代,纽约市郊区城镇建起了许多大型购物中心,人们不必再为购买生活用品而往返于纽约市中心商业区。

1980年,纽约市人口由1970年的789万人减少到707万人,10年降幅超过

10％。如今,纽约四周有许多边缘城镇,其中包括被视为纽约卧室的长岛以及与纽约市相邻的新泽西州的一些城镇。这也就是人们概念中的大纽约地区。纽约周边的城镇解决了传统城市面临的噪声、交通、住房、大气污染等方面的问题,为城市居民提供了良好的生活空间。

二、城市变迁

城市是如何发生变迁呢? 城市生态学家(Urban Ecologist)认为,生态隔离、侵入和演替有助于促进城市的变迁。

生态隔离(Ecological Isolation)是指在土地使用、服务和人口方面,一个城市的不同地区逐渐专门化。例如城中村一般是城市里低收入群体的聚居的地方;商业、政府和公园倾向于云集在城市中的特定区域,政府一般在城市的中心地带;相关服务业通常相互靠近,例如,电影院和饮食行业一般聚集在娱乐区。如果这种聚集不是人为策划的,而是自然形成并逐渐作为专门化的区域,我们将其称为"自然区"。

侵入(Invasion)是指一个社会群体或一种土地的使用方式进入了目前被其他人或别的土地使用方式所占据的区域。例如,美洲大陆被发现之后,欧洲人进入美洲的克利夫兰市(Cleveland)的霍夫区(Hough)并占领印第安人使用的土地。

演替(Succession)是指一个社会群体或一种土地使用方式在某一地区取代其竞争对手而占据了统治地位。仍以克利夫兰市为例子,欧洲人凭借先进的武器逐渐取代印第安人占据克利夫兰市,成为霍夫区的统治者。演替是侵入的一种结果。

生态隔离、侵入和演替,这些生态过程常常导致城市呈现清晰的布局,我们称之为城市空间结构。**城市空间结构**(Urban Spatial Structure)是指城市要素在空间范围内的分布和联结的状态,它是城市中人类的各种社会经济活动和功能组织在特定城市地域上的空间投影。[①] 城市生态学家提出"同心圈模型",把城市展示为以中央商业区为中心的一系列环圈,从中心出发往外推,包括轻工业区、以下层阶级居民为主的过渡地带以及中产阶级生活的郊区等一些环状地带,靠近中心的住宅区有很多新来者和单身者,犯罪率高,社会问题多,外环地带则更多为中产或上层群体的居住区。从中心城市往外移,意味着向上的社会流动(图 7-11)。

三、我国的城市化道路

我国是世界上最早出现城市的国家之一,城市的发展始终没有间断过,特别是在公元11 世纪到 15 世纪,中国一直拥有世界上最大的城市。但是到了近代,由于帝国主义列强的入侵打乱了我国社会发展的轨迹等原因,我国并没有出现以工业化为基础的城市化进程。相反,原本兴盛的名城古都日益衰败。1949 新中国成立前期,我国城市总人口不足

① 李斌.社会学[M].武汉:武汉大学出版社,2009:386.

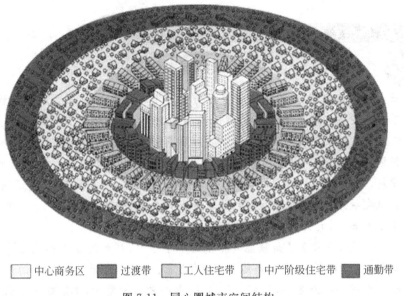

☐ 中心商务区　▨ 过渡带　☐ 工人住宅带　☐ 中产阶级住宅带　■ 通勤带

图 7-11　同心圈城市空间结构

5000 万。新中国成立后,我国城市的发展进入新的历史时期,但也并非一帆风顺,特别是受"左"的思想影响,城镇发展出现过大起大落的局面。党的十一届三中全会以后,我国城镇迅速发展,到 2011 年,我国的城市化水平超过 50%,并且,政府提出我国城市化的基本方针:控制大城市规模,合理发展中等城市,积极发展小城市。

目前,我国发达地区和欠发达地区的城市化处于不同阶段,有些处于城市化中,有些则出现了逆城市化现象。总体说来,中国的城市化具有如下特点。

第一,城市化带有明显的行政色彩。中央政府以直辖市为依托,省政府重点发展省会城市,县政府重点发展县城,乡政府把企业集中在乡政府所在地。同时,城市的布局、人口规模、性质、功能,特别是控制农村人口进入城市的政策都由政府统一计划。这样,城镇的建立和发展受政府支配,形成了政治中心和经济中心二位一体的城镇网络。

第二,城市化滞后于工业化的发展。20 世纪 70 年代,我国工业增加值占国内生产总值 50% 以上的比重,但同期的城市化率却长期徘徊在 30% 以下。一般的,当工业化率为 37.9% 时,城市化率应为 65.8%。但在 2005 年中国工业化率已经达到 41.8%,而城市化率仅为 43%,比正常水平要低 20~30 个百分点。

第三,城市化发展不平衡。我国大城市与特大城市数量多,而中小城市发展缓慢,这使得在城镇人口中,中小城市人口所占比重较低。我国的城市发展和城市化在不同地区也表现出较大差异,东部及沿海地区的城市发展速度较快,城市化水平较高,内地则相比较差。为了改变这一状况,我国提出"控制大城市规模,合理发展中等城市,积极发展小城市"的发展方针,即严格控制大城市、特大城市的规模膨胀,适当发展作为省会、地区行署所在地的城市,特别是增强它们的经济实力,积极发展以小城市和县城所在地的建制镇,以联系城乡,服务农村发展。

石家庄的城市化[①]

正太路起点南移,是石家庄由乡村向城市化迈进的诱因,真正起基础作用的因素还是现代工业的兴起和发展。伴随铁路线的通车,一批近代工业相继兴办,其中包括:在石家庄村东创建的正太总机厂(今石家庄车辆厂前身);大兴纱厂即石家庄大兴纺织股份有限公司;井陉矿和正丰矿等。近代大工业的兴起带动了中小工业的兴起和发展。1920 年在铁路以东建造石沧路场子,同时,平和轧棉公司、万华肥皂公司等企业也在铁路东兴起。随之,大批农村人口向石家庄集中。到 1930 年,仅产业工人就达 1.6 万人,大大促进了石家庄城市化的进程。

20 世纪初,石家庄还是获鹿县辖下的一个小村,那时的获鹿就是通燕赵、连三晋的货物集散地,素有"日进斗金的旱码头"之称。但是,随着正太铁路的兴建通车,日进斗金的旱码头逐渐东移,石家庄的商业、服务业日渐繁荣,逐渐取代了获鹿的地位,成为向近代化城市迈进的又一重要因素。

思考:是什么因素影响了石家庄的城市化进程呢?

本章要点

- 社区是进行一定的社会活动、具有某种互动关系和共同文化维系力的人类群体及其活动区域。
- 社区包括以下要素:首先,社区都存在于一定的地理空间中;其次,社区的存在离不开一定数量的人口;再次,社区形成一定的文化维系力;最后,生活在社区中的每个人都处于一种依赖的互动关系中。
- 根据不同的分类标准可以将社区分为自然社区与法定社区、巨型社区、中型社区与微型社区、整体社区与局部社区、现实社区与虚拟社区和农村社区、城镇社区与城市社区等。
- 社区发展是指社区成员在政府机构的支持下依靠自己的力量,有目的、有组织地改善社区经济、社会和文化状况的过程。
- 从政府机构的角度看,社区发展希望达到以下 4 个目标:第一,提倡互助合作精神,鼓励社区居民自力更生解决本社区的问题;第二,培养社区成员的民主意识,促进民众积极参与本社区的公共事务;第三,加强社区内部组织与居民的互助合作,提高社区的整合程度,保持社会安定;第四,促使社会变迁有计划地进行,加快社会发展的进程。
- 城市化也称为"城镇化"或"非农化",是指人类生产和生活方式由乡村型向城市型

---

① 杨云鹏等.每天读点社会学大全集[M].北京:中国华侨出版社,2011:307.(有删减)

转化的历史进程,表现为乡村人口向城市人口转化以及城市不断发展和完善的
过程。

- 城市化发展到一定程度时,可能会出现"逆城市化"、"超前城市化(过度城市化)"
或"滞后城市化"等问题。
- 城市化的动力主要有 3 个:第一,农业发展是城市化的初始动力;第二,工业化推
动城市化;第三,城市生活的吸引也是城市化动力之一。
- 城市生态学家认为,生态隔离、侵入和演替有助于促进城市的变迁。生态隔离是
指在土地使用、服务和人口方面,一个城市的不同地区逐渐专门化。侵入是指一
个社会群体或一种土地的使用方式进入了目前为其他人或别的土地使用方式所
占据的区域。演替是指一个社会群体或一种土地使用方式在某一地区取代其竞
争对手而占据了统治地位。
- 城市空间结构是指城市要素在空间范围内的分布和联结的状态,是城市中人类的
各种社会经济活动和功能组织在特定城市地域上的空间投影。
- 我国城市化的基本方针是:控制大城市规模,合理发展中等城市,积极发展小
城市。
- 中国的城市化具有如下特点:第一,城市化带有明显的行政色彩;第二,城市化滞
后于工业化的发展;第三,城市化发展不平衡。

思 考 题

1. 什么是社区?其基本构成要素有哪些?
2. 依据不同的标准,社区可以进行怎样的分类?
3. 请分析我国在不同阶段进行社区建设的原因和基本特征。
4. 农村社区和城市社区各有何特点?功能有何异同?
5. 什么是城市化?推动城市化的动力有哪些?
6. 如何理解城市化过程中出现的"逆城市化"、"超前城市化"、"滞后城市化"问题?
这些现象在中国的哪些城市体现得较为明显?

推荐阅读书目

1. [德]斐迪南·滕尼斯. 共同体与社会[M]. 林荣远译. 北京:北京大学出版社,2010.
2. [美]马克·戈特迪纳,雷·哈奇森. 新城市社会学(第三版)[M]. 黄怡译. 上海:上海译文出版社,2011.
3. 熊培云. 一个村庄里的中国[M]. 北京:新星出版社,2010.
4. 费孝通. 中国城镇化道路[M]. 呼和浩特:内蒙古人民出版社,2010.
5. 贺雪峰. 新乡土中国:转型期乡村社会调查笔记[M]. 桂林:广西师范大学出版社,2003.

第八章

社会互动

当有人在人群中推挤你时,你会立即推回去,还是会先考虑当时的具体情况以及那个人的态度呢?[1] 大多数人会选择后者。那么,人们在社会中是如何进行互动的呢? 我们日常生活中诸多的社会互动,正是以互动双方对彼此行为的情境和意义的理解为基础的。

通过本章的学习,你将了解社会互动的要素和几种典型的形式,明白社会互动如何进行,以及社会学家是如何分析人们的日常生活互动的。

---

[1] [美]理查德·谢弗.社会学与生活(插图第 9 版)[M].刘鹤群,房智慧译.北京:世界图书出版公司,2006:123.

第一节 社会互动概述

社会互动是最基本、最普遍的日常生活现象,是社会存在的基础,我们将从这一最基本的社会现象人手分析社会。在本节中,你将了解到社会互动如何顺利进行,非语言沟通如何影响日常的社会互动,以及4种主要的社会互动形式。

一、什么是社会互动

在日常生活中,我们经常要和他人"打交道":探亲访友、待人接物、礼尚往来等。无论是家庭中温馨幸福的亲子生活,还是职业场上与客户谈生意,只要我们的行动与他人发生了关联,就构成了社会互动。在街上与陌生人擦肩而过或者向熟人点头微笑,这些看起来微不足道的互动,却构成了我们社会生活的全部。

社会互动(Social Interaction)也称为"社会交往"或"社会相互作用",是指相互接触和交往的双方在确定和理解自己的处境、他人行动的意义的基础上,对他人采取社会行动或对他人做出反应的社会行动的过程,社会互动通常发生在个人之间、群体之间和个人与群体之间。一般认为,在德国社会学家齐美尔(Simmel,1908)[①]所著的《社会学》(*Sociology*)中最早使用"社会互动"这一术语。

显而易见,社会互动作为社会行动系统的基础,是最基本的社会过程,整个社会就是由形形色色的社会互动组成的。比如,父母给孩子庆祝生日,教师对学生进行课堂教学,领导向下属交代工作,给朋友买礼物,闪身躲避迎面而来的自行车,听到别人讲的笑话后开怀大笑,我们的日常生活充满着各种各样的社会互动。从宏观上看,组织之间的竞争、国家之间的合作也是社会互动。

应该指出的是,社会互动不是指人们本能的、无意识的相互行为。比如,在拥挤的公车上,乘客随着车体的晃动而互相挤撞只是物理学意义上的相互作用,不是社会互动。[②] 此外,人类社会的互动行为不同于"本能的"动物之间的行为。我们生活在一个富有意义的世界上,可以自觉地思考并了解这个世界。例如,一根棍子并不单纯是一个物体,而可能是一根拐杖、一件武器或者一根擀面杖。同时,我们将按照我们赋予这根棍子的意义去使用它。

① 格奥尔格·齐美尔,Georg Simmel,又译为"西美尔"或"齐默尔",1858—1918。

② 王思斌.社会学教程(第三版)[M].北京:北京大学出版社,2010:69.

社会互动的顺利进行有赖于互动双方对情境的定义和对行动意义的共享,在此基础上做出符合情境和意义的反应。我们以"一记耳光"在不同情境下人们的不同反应为例进行探讨(图 8-1)。

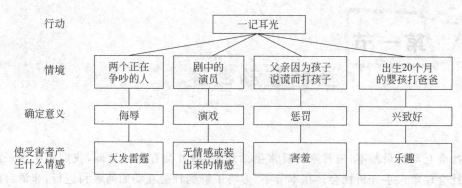

图 8-1　不同情境下的人们对行动"一记耳光"的反应①

情境(Social Situation,特指"社会情境")是指人们所处的情况或场景,包括作为行动主体的人、角色关系、人的行为、时间、地点等。实际上,任何具有**意义**(Meaning)的行为只有在一定的情境之中才能确切地表示出来。比如,"一记耳光"这一动作在各种不同的情境中的意义是不同的,甚至完全相反。我们要对他人的行为做出反应,就必须建立在我们能理解他人行为意味着什么的基础上,否则就无从进行正常的社会互动了。在没有弄清楚"一记耳光"是发生在现实还是表演中表达,玩乐还是侮辱之前,我们无法做出相应的反应。

我们希望通过行动将自己的想法传递给进行互动的对方,并且希望对方做出预期的回应。如果对方通过解读我们行动的意义做出相应的反应,这就顺利地完成了一次社会互动。②

二、社会互动的基本要素:非语言沟通

很多时候,一个赞许的眼神或是热情的拥抱所表达的意义往往比语言更加含蓄和意味深长。在日常生活中,我们常常借助这些非语言要素表达自己的态度或者判断别人的真实想法,从而展开社会互动。研究表明,通常情况下,在两个人交谈时,借助语言所进行的意义表达不到 35%,剩下 65% 的意义都是由非语言的方式来完成的。③

这种借助面部表情、身体姿势和行为举止等符号而不是语言所进行的互动叫作**非语言沟通**(Nonverbal Communication,又译为"非语言互动"),这是除了语言之外的另一种社会互动要素。其中,体态语言和个人空间是最重要的两种非语言沟通形式。

---

①　[美]伊恩·罗伯逊.社会学(上册)[M].黄育馥译.北京:商务印书馆,1990:177.

②　风笑天.社会学导论(第二版)[M].武汉:华中科技大学出版社,2008:138.

③　[美]戴维·波普诺.社会学(第十一版)[M].李强等译.北京:中国人民大学出版社,2007:140.

（一）体态语言

面部表情（Facial Expression）直接展示了情绪的变化。心理学家发现，人的面部可以做出两万种以上的表情。[1] 我们常说"察言观色"，就是指在与他人交谈时，我们通过观察对方的脸色以揣摩他人说话的心境或了解他人对自己说话内容的反应；同时，我们也试图恰当地控制自己的面部表情（图 8-2）。

有证据表明，诸如恐惧、快乐、惊讶和气愤等情绪的表达方式是共同的，当研究者将这些表情的照片给现代文化中的人和与世隔绝的传统文化中的人看时，他们对每种表情所表达的意义的区分基本是一致的。[2]

图 8-2　笑是人类共同的语言

不分人种与民族，无论文化与国别，人们表达快乐的表情都是相似的。

此外，在心理学研究中，"微表情"是一种下意识的表情，最短时间只会持续 1/25 秒，但有时候却能"泄露"或"出卖"人们内心的真实感受，所谓"读心术"只不过是读懂了表情背后的真实心理状态而已（图 8-3）。例如，真正的吃惊表情转瞬即逝，超过一秒钟便可能是假装的；只有脸一侧的嘴角紧闭、上扬，他的真实心理极有可能是轻蔑；明知故问的时候表现为眉毛微微上扬；当人陷入悲伤的时候，额头、眼角往往有纹路产生；害怕、愤怒和兴奋都会使人的瞳孔放大；眉毛上扬、下颚张开则表示惊讶。

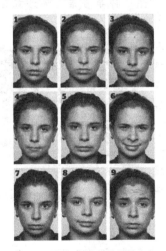

图 8-3　你能读懂"微表情"吗？

图 8-4　防御性站姿

动态体语（Gesture），即通过身体或四肢的运动以表达某个意图、某种情绪或态度。而**静态体语**（Posture）则是指人们身体或四肢保持某种状态的姿势，人们常常通过静态体语"暴露"出他们本来不打算泄露的信息（图 8-4）。这两种构成了**体态语言**（Body

---

① 关信平，袁新. 多元化的社会行为与人际关系[M]. 北京：工人出版社，1988：117.

② [美]戴维·波普诺. 社会学（第十一版）[M]. 李强等译. 北京：中国人民大学出版社，2007：140.

Language,又译为"身体语言")。通常,我们会以不断地看手表的方式表示对不欢迎的客人下"逐客令";车站售票员只需要一个手势,我们就会自觉投币购票;摩挲双手可以缓解紧张或让自己安心。值得注意的是,同一体语在不同文化中所表达的意义是有差异的。例如,在中国,上下点头意味着"是"或"同意",而左右摇头则意味着"不"或"不同意",但在斯里兰卡、尼泊尔等国家,摇头表示同意,点头则表示不同意。又如,在中国,抚摸孩子的头是表达喜爱的方式,但同样的行为则会惹怒泰国人,因为在泰国的文化里,头是灵魂所在,是神圣不可侵犯的,触摸头部是一种忌讳。可见,在异域文化交往中,只有读懂不同文化背景下人们的肢体语言所表达的意义,我们才能进行恰当的社会互动。

体态语言既能表达出人们的真实意思,又不至于太过生硬,还可以避免语言表达可能带来的尴尬局面。当然,非语言沟通比语言表达更加含混,也容易造成误解和摩擦。

社会学之窗

眼神接触的男女差异[①]

在日常生活互动中,眼神接触是最常见的非言语沟通形式。人们使用各种各样的眼神进行接触常常是为了引起某人的注意,或开始一次生活互动。许多社会中,男性无论在公共生活还是在私人生活中整体上都比女性更占优势。在与陌生人发生眼神接触时,男性会比女性感到更加自然。

凝视是一种特殊形式的眼神接触,体现出同样一种非言语沟通形式在男性与女性之间所具有的不同含义。一个男人凝视一个女人,通常被视为"自然的"或"清白的"行为;如果这个女人感到不自在,她可以移开目光回避这种注视,或者选择中断互动(图8-5)。反之,如果一个女人凝视一个男人,则常常被认为是有示好或挑逗的意味。

图8-5 男女之间的眼神接触

女性往往比男性更明显地(通过面部表达)表现其情感,更经常地主动寻求或者中断眼神接触。女性据说是通过眼神接触和面部表达来寻求赞同,当男性进行眼神接触时,女性比另一个男性更有可能移开目光。

单个来看,这类情况或许是无关紧要的,但总的来看,在眼神接触中表现出来的性别差异可能会强化性别不平等的模式。

那么,在日常生活中,我们的哪些非语言沟通形式也同样呈现出类似的性别差异呢?例如握手。你怎么看?

① [英]安东尼·吉登斯.社会学(第五版)[M].李康译.北京:北京大学出版社,2009:107.(有删改)

（二）个人空间

这是一个心理学实验：一个空荡荡的大阅览室，里面只有一两位读者，心理学家坐到了他们旁边，看他们有什么反应，很多被试者会默默地移到别处坐下，甚至有人明确地问："你想干什么？"实验进行了 80 次，结果表明，没有一个被试者能够容忍他人闯入自己的空间。这是一个关于人际距离的问题。

人际距离（Interpersonal Distance）是**个人空间**（Personal Space）的一个方面，通常借助交往双方身体之间的空间距离及其变化来表达交往的情感、意图和关系程度。按照霍尔（Hall,1966）[①]的观点，人际交往有 4 种距离：亲密距离、个人距离、社会距离和公众距离。人们选择特定的距离进行互动，这反映和塑造着人与人之间的关系（图 8-6）。

图 8-6　办公室的人际距离
在办公场所，人们一般保持适当的交际距离，既不会过于亲密，又不会过于疏远。

在**亲密距离**（Intimate Distance，0～45 厘米）内，互动的双方可以感觉到对方的气息，甚至有身体的接触，这是求爱、安慰和保护的距离，往往出现在夫妻、亲子关系中。在公众场合中，小孩子经常保持这种距离，但这种距离对许多成年人而言却是不合适的。在**个人距离**（Personal Distance，45～120 厘米）内，一般是与密友和情侣进行互动的。在**社会距离**（Social Distance，120～360 厘米）内可以处理一些非个人事务，人们在偶然的交际场合也保持这种距离，比如在街上与朋友打招呼。**公众距离**（Public Distance，大约 360 厘米以上），如知名人士在给公众做演讲时，一般会保持 360 厘米以上的距离。

在日常生活中，我们在一群交谈的人中、在图书馆中、在公共汽车上或在公园中，通常会寻找一个与其他不相关的人分开的座位；在人行道上，我们也会与别人保持一定距离。人们通常会用各种不同的方法来限定空间，例如在公园长凳上，我们会对坐得太近的陌生人怒目而视，或者将手提包或帽子放在自己和陌生人之间作为界限。

人在空间中的定位也呈现出有趣的现象。例如，在地铁站候车或在剧场门口等候的人们总喜欢站在柱子附近并远离人们行走路线的地方。人们总是设法站在视野开阔而又不引人注意的地方，并且不受到他人的干扰。此外，在餐馆选择就餐位置时，人们更倾向

---

① 爱德华·霍尔，Edward T. Hall,1914—2009。

于坐在靠近窗边或墙边而不是中间的位置,有些餐馆因此将服务员的负责餐桌也按此规律排布(图8-7)。

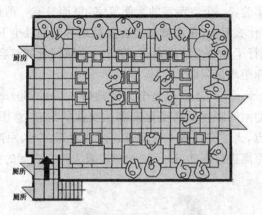

图8-7　餐馆中顾客自选座位的分布

社会学与生活

身体距离的变化

在日常生活中,当两个人发生争吵时,一方把身体故意靠近另一方,并发生肢体接触,我们就能意识到他是在向对方挑衅、示威。如果对方也怒气冲冲地把伸过来的手拨向一边,把身体靠得再近一些,这时,不用提示,我们也能预感到他们要动手打架了。

思考:我们是如何根据争吵双方身体距离的变化而做出以上推断的呢?

三、社会互动的形式

合作、冲突、竞争和顺应是人类社会生活中最为突出,也是最为基本的互动形式。再细分的话,社会互动还有统治、服从、学习、模仿、隶属、并列、交换、同化、异化、分离和反抗等多种形式。尽管我们将分别讨论这4种互动形式,但是,实际上它们常常是以不同的方式结合在一起的。

(一)合作

合作指的是两个或两个以上的个人或团体为了达到某种共同的目的而相互配合、彼此协作的行动。

人类社会自产生以来,就与合作密不可分。合作是个人赖以生存和社会赖以维系的最基本前提,是社会互动最恒常、最普遍的形式。例如,原始社会中人们合作狩猎,农业社会中男耕女织,现代社会中大工厂流水线作业,小到共同搬运重物,大到战争中海陆空协调作战,合作在我们的日常生活中随处可见(图8-8)。

图 8-8　跨国公司项目合作团队成员相互加油鼓气

尼斯比特(Nisbet,1970)区分了 4 种主要的合作类型[①]：第一种是"自发合作"或"互助援助"，它直接产生于某种情境下的实际需要和可能，如人们在突发事故中一起救助伤员；第二种是"传统合作"，它是逐步稳定被制度化了的习惯，如中国南方地区的农民有互助采摘蔬果和收割水稻的传统；第三种是现代社会中的"指导合作"，在第三方即雇主或专业人士的指导下协调合作，如领导员工协力完成某项工作；第四种是"契约合作"，即正式同意以某些方式进行合作，并对彼此职责进行清楚的界定，如年轻父母决定轮流照顾孩子以便抽出时间做其他事情就是契约合作。

（二）冲突

冲突指的是人与人、群体与群体、个人与群体之间直接的和公开的争斗，彼此之间表现出敌对的态度或行为。

冲突是一种直接的反对关系，它与竞争有一定的联系。冲突与竞争的区别在于：第一，为了达到预期目标，在冲突中打败对手被认为是重要的；第二，冲突双方有直接的、公开的、面对面的接触，是直接的反对关系；第三，冲突双方目标既有相同性又有不同性；第四，冲突在形式上比竞争要激烈得多，往往突破规章、规则甚至法律的限制。[②]

常见的冲突方式有[③]：争吵与口角，殴斗、决斗与械斗，诉讼以及战争。从程度上讲，这几种冲突方式的激烈程度是递进的。争吵和口角都是带有个人感情色彩的口头冲突形式，但争吵的焦点是争辩，而口角一般是彼此对骂，往往逐步升级为斗殴、决斗和械斗。斗殴就是平常所说的打架，是个人之间以及小群体之间常见的一种冲突形式，比如两个球队因球赛而打成一团。决斗是中世纪到 19 世纪在欧洲流行的一种个人间的冲突形式，西方的两位男子为争夺同一个异性对象，可能由相互仇视升级为决斗，中国武侠小说中也有类似的冲突形式。械斗这种冲突方式通常发生在群体之间，比如两个部落、两个乡村、两个宗族之间的仇斗、械斗等。诉讼即在法庭上以法律为依据进行的争辩，是文明社会中常见

① [美]戴维·波普诺.社会学(第十一版)[M].李强等译.北京：中国人民大学出版社,2007：146-147.
② 胡俊生.社会学教程新编[M].武汉：武汉大学出版社,2010：173.
③ 风笑天.社会学导论(第二版)[M].武汉：华中科技大学出版社,2008：148.

的方式。战争相对于前3种冲突形式是规模和破坏性最大的一种冲突方式,比如两个国家因争夺地盘或资源而互相开火。随着社会的发展,尤其是科学技术与军事的现代化,这种冲突方式的影响力和破坏力变得越来越强。

冲突也有正面效果,一个没有冲突的社会将是毫无生机、沉闷乏味的社会。冲突可以成为促进双方内部紧密团结的力量,也可以强迫双方直面问题,加深了解,还可以带来社会变迁。

(三)竞争

竞争是指存在于个人之间、群体之间和个人与群体之间的对于同一目标的争夺。

竞争是一种间接的反对关系,是不同个人或群体为了获得同一目标而进行的互动。竞争是以不同利益群体(或个人)的存在和目标对象的稀缺为前提的。这种目标对象可能是财富、权力、名誉以及爱情等。竞争可以发生在社会结构的各个层次,有个人之间的竞争和群体之间的竞争,乃至国家之间的竞争。竞争是人的积极性得以发挥的重要基础,也给社会增添了活力。[1]

人类的竞争通常具有以下特点:必须有竞争的目标,即有相互争取的对象,如奖金、荣誉称号等;参与竞争者不必直接接触,也不必相互认识,如高考中,考同一份试题的考生之间的竞争关系;竞争者的成功足以限制或剥夺其他个人或群体的成功,如比赛中只有一个冠军。竞争主要由资源稀缺带来的,比如就业机会少,而需要就业的人很多,工作岗位供不应求,就会导致求职者之间的激烈竞争。竞争规则可以防止竞争的间接反对关系演变为冲突的直接反对关系。

图8-9 竞争与合作

在传统观念中,合作与竞争是一对反义词。但在现代社会中,竞争与合作可以并驾齐驱,实现"双赢"。这种理念的广泛应用促进了社会的良性运行(图8-9)。

(四)顺应

顺应也称为"调适",指的是人们调整自己的思想认知、态度、行为和习惯,以避免、减少或消除相互间的竞争与冲突的过程。

顺应与冲突有密切关系,顺应常常是冲突的自然结果,但有时也可看成冲突的准备。任何一种冲突都会有一个暂时的或永久的结果,这种结果不外乎两种情况:一是冲突双方不分胜负;二是冲突双方一胜一负。无论哪种情况,相对于最初的冲突来说,双方的行为、态度等方面都有所调整,有所改变,这就是顺应。

人们可以通过妥协、和解、调解、仲裁和容忍等方式达到顺应的效果。让我们回想市场上买卖双方的讨价还价。讨价还价的双方常常以各让一步达成交易,这是互动双方通

① 王思斌.社会学教程(第三版)[M].北京:北京大学出版社,2010:71-72.

过妥协达到顺应的结果。当双方因为争执不下而吵得面红耳赤时，如果是双方自愿退让一步而使敌对情绪转为友好，则是和解，而通过别人的劝解产生这种转变则是调解。我们进一步设想，如果消费者在使用产品过程中意外受伤，向销售者和生产商索赔，由于责任不明，故将争议交给具有非司法性质的第三方机构裁判，裁判结果对双方均具有约束力，若对仲裁结果不满意则可上诉到法院，但与仲裁机构不同，法院是司法机关。容忍也是一种顺应的方式，即双方不强迫对方接受自己的主张，也不改变自己的主张而服从别人，而是互相宽容。

日常生活中的社会互动

我们常常以各种形式与他人进行社会互动。在日常生活中，请问你最常使用的是哪种形式？在合作或者竞争，冲突或者顺应中，这些互动对你的人际关系产生了哪些影响（图 8-10）？

图 8-10 讨论是一种常见的合作

第二节 社会互动的理论

对于现实生活中大量存在的社会互动，众多社会学家从不同角度进行了研究，提出了不同的理论以解释和说明社会互动的规律和特点，其中最主要的是符号互动论、拟剧论和本土方法论。

一、符号互动论[①]

符号互动论（Symbolic Interactionism）是一种通过分析人们在日常环境中的互动来研究人类群体生活的社会学理论派别，它主要研究的是人们相互作用发生的方式、机制和规律。美国著名社会心理学家米德被认为是符号互动论的开创者，此外，布鲁默（Blumer）[②]发展了米德的思想。

符号互动论认为，人的行动是有社会意义的，人们之间的互动是以各种各样的符号为中介进行的，人们通过理解代表行动者行动的符号所包含的意义而做出反应，进而实现他们的互动。

米德认为，"符号"是理解社会互动的基本概念，具有文化意义和象征性。**符号**（Symbol）是指所有能代表某种意义的事物，比如语言、文字、动作、物品甚至场景等。一个事物之所以成为符号是因为人们赋予了它某种意义，而这种意义是大家所公认的。比如，国旗是一个国家的象征，文字代表了一种文明，竖起大拇指在中国人看来是一种表达赞许的方式（图8-11）。

环岛行驶　单行路(向左或向右)　单行路(直行)　步行　鸣喇叭

最低限速　干路先行　会车先行　人行横道　右转车道

图8-11　交通指示标志——生活中的符号

在日常生活中，人们总是不断地学习和运用各种象征性意义，而人类的相互作用就是以有意义的象征符号为基础的行动过程。比如，十字路口上的红绿灯或是交警的手势意味着"可以通行"或"禁止通行"；老师讲课时会突然停下来，或者突然改变声调，这时没有认真听课的学生能从中领会到老师要求其"认真听讲"的提醒。

布鲁默（1986）总结了符号互动论的3个基本原理：第一，我们依据对事物所赋予的意义而对其采取行动；第二，这些意义来源于社会互动；第三，我们通过"与自己交流"达到对情境所具有的意义的理解，并决定如何采取行动。

例如，我们试想一个顾客在饭店收银台结账的情境。顾客把账单交给收银员，并且掏出钱包，收银员准备收钱并找零。他们对于账单的行动都是基于他们所赋予账单的意义，这种意义是他们所共享的（互动论的第一原理）。他们之所以知道账单的意义，是

---

① 王思斌. 社会学教程（第三版）[M]. 北京：北京大学出版社，2010：76-77.
② 赫伯特·布鲁默，Herbert Blumer，1900—1987。

由于他们通过以前许多类似的互动学习的结果（互动论的第二原理）。现在，假定顾客没有足够的钱埋单。那么，她会表现得很尴尬，并说到附近银行取些钱，马上就回来。收银员得对这种新的情境进行阐释，赋予它某种意义，并且决定怎样行动（互动论的第三原理）。他是应当信任这位顾客还是应该请示经理？这个顾客看上去诚实吗？她是常客吗？收银员以往遇到类似的情况时遭遇如何？所有这些因素都影响着收银员作出某种阐释。①

符号互动论从微观视角对社会日常生活中的互动做出了细致分析，对人们理解社会互动提供了重要的理论视角，产生了深远的影响。

二、拟剧论②

拟剧论（Dramaturgical Theory，又译为"戏剧理论"）属于符号互动理论流派，是由美国社会学家戈夫曼（1959）提出的一种理论观点，其代表作是《日常生活中的自我呈现》（*The Presentation of Self in Everyday Life*）。戈夫曼从戏剧中借用概念：生活好比是"舞台"，社会成员是舞台上的"演员"，他们在不同的舞台或者不同的场次中扮演着不同的"角色"，人们的社会互动就像是一场精彩的"表演"。

在人类互动的"表演"中，最重要的特征就是"印象管理"。戈夫曼认为，作为舞台上的表演者，社会成员都十分关心自己在众多观众（即参与互动的他人）面前的形象。他们往往通过语言、姿态、手势等表现呈现出符合别人所期望的形象，这个过程叫作**印象管理**（Impression Management，又译为"印象整饰"）。人们在处理他们的印象时，往往会运用一些手段、工具来装点门面，建造好自己表演的"舞台布景"。例如，在我们的印象中，护士是身着白色大褂的白衣天使，身着制服的空姐美丽高挑而且优雅，着装干练整洁并且使用样式考究的公文包的职业男性极有可能是公司经理。同样，在职业交往过程中，职员会非常注意自己的衣着和言谈举止，因为这代表着公司的形象，希望能留给客户好印象。拍摄城市或国家形象宣传片，也可以视为印象管理的一种表现（图 8-12）。

图 8-12　职员的形象，公司的面貌

一个职员的职业着装和在公众场合的言谈举止，往往代表着所在公司的形象。

很多的社会生活都可以分为"前台"和"后台"。戈夫曼把针对陌生人或偶然结识的朋友的行动叫作"前台"行为，前台是人们正在进行表演的地方，指个人扮演正式角色的社会

---

① ［美］戴维·波普诺.社会学（第十一版）［M］.李强等译.北京：中国人民大学出版社，2007：131.

② 风笑天.社会学导论（第二版）［M］.武汉：华中科技大学出版社，2008：143.

场合或接触,他们在进行"台上表演"。例如,一对夫妇会小心翼翼地在孩子面前掩饰彼此的争吵,维持和谐的前台,只有在孩子熟睡时才开始大吵特吵。后台是为前台表演做准备的、不想让观众看到的地方,表达的是行动者的真实情感。因而,只有关系更为密切的人才被允许看到"后台"正在发生的一切。人们在前台与后台的行为举止通常是不一样的。例如,餐馆的服务员在招待顾客时,举止文雅、服务热情、彬彬有礼;而当他回到自己的后台——厨房的时候,可能便变得松松垮垮、随随便便了;然而,当再回到顾客面前时,他又恢复了原来的良好表现。

应该指出,与舞台戏剧表演不同的是,在日常生活中人们的前台行为并不是"装出来的",而是他们正常生活的一部分,前台行为主要是遵循社会互动规则和规范的需要。拟剧论强调了对互动情境的定义及人们互动行为的复杂性、随机变动性,加深了对互动现象的认识。

社会学与生活

求职者的印象管理

印象管理被广泛应用于求职面试中。

有相当多的求职者会根据需要选择得体的着装,在大脑中排练着面试的场面,一时扮演自己的角色,一时扮演面试官的角色,甚至对着镜子"演练"自己的言谈举止(图 8-13)。这些努力都是为了给面试官留下好印象,增加面试成功的筹码。

图 8-13　职业装

而当面试过后,求职者就会回归日常生活中,换上自己喜欢的衣服,做回"自己"。

三、本土方法论①

本土方法论（Ethnomethodology）又称为"民俗学方法论"或"常人方法学"，是一种专门分析人们日常社会互动所遵循的规则的社会学方法，其创始人是美国著名社会学家加芬克尔（Garfinkel，1967）②，他在《民俗学方法论研究》（*Studies in Ethnomethodology*，又译为《常人方法论研究》）中阐述了这一理论主张（图8-14）。

图8-14　哈罗德·加芬克尔

日常生活中，很多互动行为被认为是司空见惯、理所当然的，但加芬克尔认为，在现实生活中，社会成员是依据一定的规则和程序来组织社会活动的，并使活动具有共同意义。这些在互动中形成的"民间"规则也反过来进一步影响着人们的互动。加芬克尔所创造的本土方法论的核心，就是用解释和理解的方法对常识性行动和情境过程进行说明。在他们看来，这些不成文的、公认的行为规则是一切社会生活的基础。

加芬克尔在探明人们如何赋予日常活动以意义时，对使用语言交流特别感兴趣，因为语言所表达的意思可能与字面上看到的意思不尽相同，这取决于交谈双方如何理解，往往还包含着只有在情境的上下文中才能明白的意义。下面是一则例子。③

日常生活中父子的对话	父子对话的真实含义
父亲：你要到哪儿去？	父亲：今天晚上你不出门了吧？天色这么晚了，还到哪儿去呀？
儿子：出门去。	
父亲：你出去干什么？	儿子：我要出去，我不想告诉您我要去哪儿，请您不要追问了。
儿子：没什么事。	
父亲：你什么时候回来？	父亲：我真担心你会惹出麻烦来。你和谁一起去？打算出去干什么？
儿子：一会儿就回来。	
	儿子：我都这么大了，会照顾好自己的，用不着每一件事都告诉您。
	父亲：那好吧，你可别太晚回来。
	儿子：我不愿意定出时间来，因为我没准儿今晚回来得很晚。

加芬克尔提出了一种以打破常规来揭示常规、以违反共同的"理解"来揭示这些"理解"的特殊方法，就是**违规实验**（Breaching Experiment，又译为"破坏性实验"），目的是揭

---

① 风笑天.社会学导论（第二版）[M].武汉：华中科技大学出版社，2008：144-145.

② 哈罗德·加芬克尔，Harold Garfinkel，1917—2011。

③ [美]伊恩·罗伯逊.社会学（上册）[M].黄育馥译.北京：商务印书馆，1990：186.

示和说明客观存在的理解和规则。在实验中,他让学生们表现出根本不懂得那些调节社会互动的基本的、不言而喻的前提;故意不遵守那些人人皆知的、司空见惯的"民间"规则。最为经典的实验是,加芬克尔要求学生们与他们的家里人进行大约一个小时的交流,但在交流中假装对家中共享的假定并不熟悉,即不再想当然地采用任何作为家庭互动之基础的背景假定。比方说,在互动中,严格遵守礼节,把爸爸称作"先生",把妈妈称作"夫人"。实验的结果是沟通中断,家里人感到气愤并且心烦意乱。这样,在努力恢复正常情境时,学生就很会容易地发现家庭中人际互动的共同规则了。又比如,你可以尝试在超市买东西时讨价还价、在别人谈话时身体向对方越靠越近,往往在这些情况下,对方都便显出惊讶、奇怪、窘迫和愤怒,这就说明我们的行为违反了人们对社会现实的共同理解。

本土方法论认为,规定着社会互动的民间规则包括许多含蓄的理解和期待,对于谈话的双方来说同样如此。如果破坏了我们在日常生活中所依据的、尽管不常被我们意识到的那些常规(如对交谈过程、交谈语言的共同理解),同样也会招致焦虑、困窘和恼怒。这样,不仅两个人之间出现了沟通障碍,而且那个作出背景假定的人被另一个并不接受这些假定的人弄得心烦意乱。

社会学之窗

加芬克尔的"违规实验"①

在加芬克尔的实验中,他要求学生与一位朋友或熟人进行正常的谈话,但一定要使对方说明这些日常的说法和用语的含意。结果,所有谈话的对象都表现出不同程度的奇怪、困窘和恼怒。以下是实验报告。

实验一:

被试者:你好呀!

实验者:你问我好是指哪个方面?是问我的身体、我的经济情况、我在学校的成绩、我的心境,我的……

被试者:你瞧,我只不过想礼貌性地问一句罢了。说实在的,你好不好,我管不着!

实验二:

被试者:我的车胎没气了。

实验者:你的车胎没气了?你说这话是什么意思?

被试者:你问我"你说这话是什么意思",这是什么意思?车胎没气了就是车胎没气了。我就是这个意思,没什么特别的意思。你提的问题真怪!

实验三:

被试者:在所有这些老电影中都有同样的老式铁床架。

实验者:你这话是指什么?是指所有的老电影,还是指其中的几部,或者只是你看过的电影?

① [美]伊恩·罗伯逊.社会学(上册)[M].黄育馥译.北京:商务印书馆,1990:187.

被试者：你怎么啦？你明白我是指什么呀！

实验者：我希望你说得更明确点儿。

被试者：你明白我的意思呀！算了算了！

　　会心一笑之余，请回想一下，你是否经受过"话语误解"所带来的困扰呢？你能较为自然和顺利地与他人进行互动的原因是什么呢？

本章要点

- 社会互动也称为"社会交往"或"社会相互作用"，是指相互接触和交往的双方在确定和理解自己的处境、他人行动的意义的基础上，对他人采取社会行动或对他人做出反应的社会行动的过程，通常发生在个人之间、群体之间和个人与群体之间。
- 社会互动的顺利进行有赖于互动双方对情境的定义和对行动意义的共享，在此基础上做出符合情境和意义的反应。
- 借助面部表情、身体姿势和行为举止等符号而不是语言所进行的互动叫作非语言沟通，这是除了语言之外的另一种社会互动要素。其中，体态语言和个人空间是最重要的两种非语言沟通形式。
- 个人空间可分为 4 种类型：亲密距离、个人距离、社会距离和公众距离。
- 合作、冲突、竞争和顺应是人类社会生活中最为突出，也是最为基本的互动形式。
- 符号互动论认为，人的行动是有社会意义的，人们之间的互动是以各种各样的符号为中介进行的，人们通过理解代表行动者行动的符号所包含的意义而做出反应，从而实现他们的互动。
- 戈夫曼提出的拟剧论认为：生活好比是"舞台"，社会成员是舞台上的"演员"，他们在不同的舞台上不同的场次中扮演着不同的"角色"，人们的社会互动就像是一场精彩的"表演"。
- 加芬克尔认为，在现实生活中，社会成员是依据一定的规则和程序来组织社会活动的，并使活动具有共同的意义，由此提出本土方法论。

思　考　题

1. 如何理解情境定义和意义共享是社会互动顺利进行的基本条件？

2. 非语言沟通的形式有哪些？请举例说明。

3. 合作、冲突、竞争和顺应是 4 种主要的社会互动形式，请选择两种形式具体阐述其社会互动的特征。

4. 人们进行社会互动时离不开"符号"，请从符号互动论视角解释职场上的互动情境。

5. 戈夫曼用"拟剧论"解释社会互动，其主要观点是什么？你怎么看？

6. 什么是本土方法论？简述加芬克尔的"违规实验"及其实验目的。

推荐阅读书目

1. 边燕杰. 关系社会学：理论与研究[M]. 北京：社会科学文献出版社,2011.

2. 黄光国. 人情与面子：中国人的权力游戏[M]. 北京：中国人民大学出版社,2010.

3. ［美］彼得·M.布劳. 社会生活中的交换与权力[M]. 李国武译. 北京：商务印书馆,2008.

4. ［英］亚当·肯顿. 行为互动：小范围相遇中的行为模式[M]. 张凯译. 北京：社会科学文献出版社,2001.

5. 阎云翔. 礼物的流动：一个中国村庄中的互惠原则和社会网络[M]. 李放春,刘瑜译. 上海：上海人民出版社,2000.

第九章
社会分层与社会流动

　　留心生活的你是否发现，无论是日常饭桌上的座位还是会议发言的顺序，都或多或少地呈现出某种秩序。这种秩序往往与个人的职业、身份和地位有着密切联系。但是，个人在社会中的位置并不是一成不变的。例如，人们可以通过自身努力谋求一份更加理想的工作，人们在社会中的位置是可以流动的。通过本章的学习，你将了解到社会分层的形成及其相关理论，也会了解社会流动的类型及其影响因素，通过在宏观层面把握社会，我们或许能更好地将个人与社会联结在一起。

社会分层

在每个社会,人们并不是平等地占有社会资源。从而,每个人所拥有的社会位置并不相同,由此产生普遍存在的社会分层现象。

一、什么是社会分层

分层最初是地质学概念,指地质构造的不同层面,后来被引入社会学,用地质中的分层现象来比喻人类社会各群体之间的层化现象。

社会分层(Social Stratification)是指社会成员、社会群体因社会资源占有不同而产生的层化或差异现象,尤其是指建立在法律、法规基础上的制度化的社会差异体系。①

社会成员之间必然存在差异,包括性别、肤色等自然差异和职业等社会差异。但并非存在差异就自然形成社会分层,造成社会分层的关键原因是社会成员占有的社会资源分布不均。社会资源包括经济资源、政治资源和文化资源等。例如,由于经济资源在人群中的不均等分布,就形成了富裕阶层和贫困阶层;由于教育资源在人群中的不均分布,就形成了高学历群体和低学历群体(图 9-1)。

图 9-1 社会资源与社会分层

(一)社会分层与社会分化的关系

社会分层的历史动因是社会分化。世界上没有两片相同的叶子,但是没有达到一定的分化程度,形成明显的差异就无法对叶子进行分类。相似的,差异或者不均并不一定导致社会分层。**社会分化**(Social Differentiation)特指在社会系统的结构中,原来承担多种功能的某一社会地位发展为承担单一功能的多种不同社会地位的过程。② 例如,在传统社会,家庭承担教育和养老的功能;在现代社会,家庭所承担的教育功能逐渐被学校等教育机构所取代,而家庭所承担的养老功能则逐渐被养老院等养老机构所取代。

---

① 李强.社会分层十讲[M].北京:社会科学文献出版社,2008:1.
② 郑杭生.社会学概论新修(精编版)[M].北京:中国人民大学出版社,2009:207.

社会分化包括水平分化和垂直分化。**水平分化**是指社会成员分为不同类型的地位群体，且社会价值序列不存在高低之别。如畜牧业工人和加工业工人，这两个群体在根本利益、基本态度、行为倾向和社会表现诸方面没有明显差别。

而**垂直分化**是指社会成员分化为不同层次的地位群体，且这些群体处在高低有别的社会价值序列之中。例如，公务员和工人的社会声望不同，这两个群体在根本利益、基本态度、行为倾向和社会表现诸方面存在较大的差别，这种差别就是通常所说的"社会不平等"。

图 9-2　社会分层

社会分层是社会分化的结果。社会地位的差异不仅使个体与其他人相互区别开来，而且制约个体所参与的社会交往过程，例如并不是每个人都会参与到娱乐圈，参与者更多的是明星（图 9-2）。

（二）社会分层与社会结构的关系

社会结构（Social Structure）是指社会形成一种稳定的、制度化的社会不均等体系。社会分层往往形成稳定的、制度化的不均等体系，往往形成"社会分层结构"或"社会结构"。例如，在我国，相对于农村而言，城市居于社会结构的较高位置。特别的，在户籍制度的作用下，城乡分层更为明显，进而形成城乡二元结构。

社会学之窗

"中产阶级"与政体[1]

在一切城邦中都有 3 个部分或阶层，一部分是极富阶层，一部分是极穷阶层，还有介于两者之间的中间阶层。人们承认，适度或中庸是最优越的，显然拥有一笔中等的财富实在是再好不过的事情了。这种处境下人们最容易听从理性，而处在极端境况的人，如那些在相貌、力气、出身、财富以及诸如此类的其他方面超过一等的人，或者是与上述人相反的那些过于贫穷、屡弱和卑贱的人，他们都很难听从理性的安排。头一种人更容易变得无比凶暴，往往酿成大罪，而后一种人则容易变成流氓无赖，常常干出些偷鸡摸狗的勾当。这两类罪行一则起源于暴虐，一则起源于无赖。这些人无论是在军事机构还是在文职机构中都难以管束，他们越是桀骜不驯，对城邦社会造成的危害也就越严重。在这些人之外，那些在力气、财富、朋友以及其他这类事情上时运亨通的也不愿受制于人，没有法能驾驭他们。

请从社会结构的角度分析社会分层对政体的影响。

---

① ［古希腊］亚里士多德. 政治学［M］. 颜一，秦典华译. 北京：中国人民大学出版社，2003：137-138.

（三）社会分层的基础[1]

韦伯将财富和收入（经济地位）、权力（政治地位）和声望（社会地位）作为社会分层的主要依据。财富指全部经济财产的构成；权力指一个人或一群人对他人实施控制和施加影响的能力；声望则是一个人获得的社会评价。韦伯认为这3方面具有相对独立性，相互影响，并不是由其中一方决定另一方的关系。例如，人们追求权力不只是为了获得经济利益，因为权力本身有其价值；一般的，追求声望的人不是为了获得经济利益，因为赤裸裸的经济利益往往会削弱声望，声望本身有其价值。

从社会分层的定义，我们可以看出社会分层的基础是社会资源的不平等分布。社会资源在不同社会位置上的不平等分配造成处于不同社会位置的人们被划分为不同的阶层。当然，不同历史时期社会对社会资源的定义不同，成员对社会资源的占有方式亦不同（图9-3）。

图9-3 经济地位影响社会分层

二、社会分层的形成机制[2]

社会分层具体是怎么形成呢？或者说，社会分层的形成机制是什么？

社会分层的形成机制主要包括以下3个方面。

第一，社会制度、社会文化定义了社会资源的价值。但是，社会资源并不是一成不变的。例如，在中国传统社会，长者在社会中占据崇高的地位。在现代社会，长者不再是绝对的权威了。在传统社会和现代社会，年龄这一资源发生了变化，主要是因为所处的制度和文化的差异。在传统社会，社会变化相对缓慢，经验对于社会发展来讲非常重要，这时年龄越大，象征着经验越丰富；而到了现代社会，退休制度显示了社会对年龄的严格限制，年龄作为一种社会资源，其特点不再是越大越有价值。

第二，社会分配规则决定了社会资源在占据不同社会位置的群体中的分配。例如，国家的税收政策决定了企业、政府在市场中所占的利润份额，也确定了中央政府和地方政府的税收分配比例；在同一个企业，管理者和工人得到的利润份额也是有规定的；在工人中，专业技术人员也被分为不同的技术级别，享受不同的待遇。改革开放前，计划经济体制规定着社会资源的分配，甚至包括个人的口粮等生活资料。改革开放后，市场在分配社会资源方面起到基础性作用，当然国家在宏观调控方面起到重要作用。

第三，社会分层机制形成的最后一个方面是"社会流动"。社会流动是指人们在社会

① 李强.社会分层十讲[M].北京：社会科学文献出版社，2008：32-33.
② 李强.社会分层十讲[M].北京：社会科学文献出版社，2008：7-9.

结构空间中从一个地位向另一个地位的移动。例如,在科举时代,农民、商人可以通过参加科举考试走上仕途,从而改变原来的社会身份,实现向上的社会流动。**"高流动率的社会"** 是指在一个社会,处于较低社会地位的阶层以较高比率流入上层社会。改革开放初期,一部分人从难以解决温饱问题的赤贫阶层一跃成为"万元户"。当然,如果一个社会流动性过强,那么该社会可能不稳定,不按照常规运作,极端的例子是发生革命。相反的,如果一个社会大多数人是在自己所属的阶层内流动,我们称之为**"低流动率的社会"**。贵族的儿子还是贵族,农民的儿子还是农民,这就形成了各种"二代"现象,如"官二代"、"富二代"、"学二代"和"农二代"(图9-4)。

图9-4　各种"二代"

社会学之窗

社会资源的转化①

如果说老约翰·D.洛克菲勒是先获得金钱,再通过金钱来收获声望,那么凭借《哈利·波特》而享誉世界的作者乔安妮·凯瑟琳·罗琳则是先获得了良好的声望,然后把它转化为巨额的财富的。而这两种情况也是声望和财富之间的两种关系。

乔安妮·凯瑟琳·罗琳的《哈利·波特与魔法石》(1997)诞生了,几乎一夜之间征服了世界各地的少年读者。2007年"哈利·波特"系列小说问世10周年,这部作品改编成的电影也火遍了全世界。哈利的饰演者丹尼尔·雷德克里夫成为英国最富有的少年,罗伯特·格林特和艾玛·沃特森不知有了多少的"粉丝"。该系列小说已被译成70多种语言,总销量已达到3.25亿册。罗琳也因创作了"哈利·波特"系列小说而名利双收。

声望是为众人所仰慕的名声,是社会分层的又一个方面。一个有声望的人往往会比一个名不见经传的人所说的话更有信服力,并且有声望的人本身也承载着一种荣誉,自我价值的认知也会随之得到提高。而多数情况下声望来自占有一个公认的好职位。

社会资源包括财富、权力和声望。它们之间如何相互转化?

三、社会分层的理论

为什么会出现社会分层呢?社会学家是怎样解释的呢?功能论和冲突论是社会学用以解释社会分层的主要视角。

---

① 杨云鹏等.每天读点社会学大全集[M].北京:中国华侨出版社,2010:193.(有删减)

（一）功能论观点

功能论认为社会分层是客观存在，而且是必要的，分层在维持社会方面起到某种有益的作用。他们认为，任何社会中都有一些工作比另外一些工作更重要，这些工作需要最有资格的人承担，例如工程师、核物理学家。如果社会没有这些人，那么社会将受到严重的危害。这些工作需要比较聪明、优秀的人来完成，并且一般需要任职者投入大量的时间、精力乃至自我牺牲，成功的医生、工程师以及政治领袖就是如此。那么这些工作如何留住能够胜任的人呢？功能论者认为，提供更多实质性的刺激，如足够的财富、权力和声望，是留住这些占据社会最关键职位的能人的重要保证。

当然，先赋性或继承性因素也影响职位的分配。例如，无论子女自身能力如何，当存在较高社会地位的父母时，子女可能利用社会地位较高的父母亲所占据的社会资源，比较轻松地获得一个较高的地位。相反的，如果个人自身拥有较高能力，但父母的社会地位较低，就难以从父辈那里继承某些社会资源，无法获得一个较高的地位。可见，社会分层具有反功能，它并不能给人们提供完全平等地获得扮演重要社会角色的机会。

（二）冲突论观点

冲突论者认为，社会地位较高的人越可能获得巨大的财富、声望和权力，那是因为他们获得了对这些稀缺资源的垄断并竭力防止其扩散。

马克思认为，社会由统治阶级和被统治阶级构成。统治阶级指的是资产阶级，而被统治阶级则指无产阶级。资产阶级掌握着生产资料，而无产阶级为了生存不得不向资产阶级出卖劳动力。剥削是形成对立的社会阶级的基础，它造成了社会不平等。此外，占统治地位的意识形态也维护着这种社会分层。一般来说，宗教、教育和政治秩序等社会设置都倾向于维持现状，而非鼓励变迁和削弱不平等。

此外，伦斯基(Lenski,1966,1984)[1]认为，将功能论和冲突论的观点结合起来能够更好地解释社会分层现象。他认为，社会分层的特点不是一成不变的，而是随着时间的推移而发生变化。因而，我们有必要以历史的眼光来看待分层。伦斯基指出，在小型的前现代社会里，物品和服务主要是根据需要分配给其成员的，这时权力几乎与社会报酬没有关系。然而，社会发展的现代化程度越高，权力在社会分层体系形成过程中所起到的作用就越大。但与马克思不同的是，伦斯基认为权力并不总是以经济地位为基础的，例如强大的政治领导地位也是其他社会地位的来源之一。

---

[1]　格尔哈特·伦斯基,Gerhard Lenski,1924— 。

第二节

社会流动

　　如果说社会分层是在静态层面描述社会结构,那么社会流动则是从动态角度研究社会结构的。社会流动是形成社会分层的机制之一,那么何谓社会流动呢?

一、什么是社会流动

(一)社会流动

　　社会流动(Social Mobility)是指人们在社会结构空间中从一个地位向另一个地位的移动。这一概念最早是由美国社会学家索罗金(Sorokin)[1]于 1927 年在《社会流动》(Social Mobility)一书中提出的。社会成员在财富、权力和声望方面有高低之分,人们总是希望处在较高的社会位置上,但人们能否从较低地位流动到较高地位会受到社会流动机制的影响和制约。

　　与物理空间上的位移不同,社会流动不一定是个体在地理空间上的移动,它更关注的是个体社会地位的变化。社会结构由复杂的社会关系网络构成,生活于其中的个体占据一定的位置,这个位置表明个人的社会地位。个体在社会结构的位置变化就是社会流动,比如在同一个工作单位里职位的变化,也是社会流动的一种。当然,某些在地理空间上的移动也可能伴随着在社会结构空间中地位的变化。例如:计划经济时期,青年农民进城成为城市工人,既从农村移动到城市,又从农民转变为市民。

　　从个体角度看,社会流动往往表现为职业的变动。个体的社会地位是多重的,而职业地位在很大程度上决定一个人的社会地位。在现代社会,社会成员的职业变动对社会流动具有重要意义。当流动的结果使个体的社会地位上升时,社会流动就对该成员起激励作用,进而促使其维护社会秩序;反之亦然。从社会角度看,社会流动影响着社会结构。"高流动率"和"低流动率"意味着社会结构的稳定性不同。

(二)社会流动的意义

　　社会流动具有以下意义。第一,社会流动反映了社会结构的开放程度。在较为封闭的等级社会里,社会流动程度较低,先赋地位决定个人命运;在相对开放的现代社会中,社

---

　　[1]　索罗金,Pitirim A. Sorokin,又译为"索罗金",1889—1968。

会流动率较高,自致角色占主流。第二,社会流动是社会结构的"微调器"。社会流动会引起社会结构的某些变化,但不能从根本上改变社会分层体系的整体结构。第三,社会流动是社会变迁的"指示器"。大多数社会成员流动的趋向和频次反映了社会变迁的方向。

二、社会流动的分类

我们如何把握形形色色的社会流动呢?不同社会流动之间有什么差异?这需要我们对社会群体的类型进行划分。

(一)垂直流动与水平流动

根据社会流动的方向,社会流动可以划分为垂直流动和水平流动。

垂直流动(Vertical Mobility)是指在社会分层体系中,个体社会地位的上下移动,包括向上的流动和向下的流动。**水平流动**(Horizontal Mobility)是指个体在同一社会分层位置上的横向变化。

举例来说,假设教师、警察和消防员的职业声望分别是 75 分、60 分和 60 分(满分100 分),如果一个人从警察变成教师,那么就属于垂直流动中的向上流动;反之亦然,而如果从警察变成消防员,那么就属于水平流动了。

(二)代际流动与代内流动

根据是否涉及代际之间社会地位的变化,可以将社会流动划分为代际流动和代内流动。**代际流动**(Intergeneration Mobility)指的是孩子相对父母亲社会地位的变迁。**代内流动**(Intragenerational Mobility)则关心的是个体成年生活中的社会地位变迁。

例如,一位水电工的父亲是一名律师,那么这位水电工所经历的就是向下的代际流动;反之,则是向上的代际流动。一位士兵最终成为一名将军,那么这位士兵所经历的就是向上的代内流动;假若企业主因公司运营不善而变成工人,那他经历的就是向下的代内流动。

(三)结构型流动与非结构型流动

根据产生社会流动的原因,可以将社会流动划分为结构型流动和非结构型流动。**结构型流动**是指社会成员因社会结构的变迁而造成的社会地位变化。例如,改革开放放宽了对城乡流动的限制,大量的农民进城务工并成为工人或企业家。**非结构型流动**是指因个人的原因而造成的社会地位变化。个体因为工作能力突出而获得提拔就属于非结构型流动。

(四)开放式流动、封闭式流动与混合式流动

根据制度对社会流动的限制程度,可以将社会流动划分为开放式流动、封闭式流动和混合式流动。

开放式流动是指各阶层、职业间流动不受制度性限制的流动。在现代社会,职业的制

度性限制越来越少,全体社会成员获得工作的机会越来越多。

封闭式流动是指社会成员只能在一定范围内进行的社会流动。在传统社会,一些社会地位是世袭的,贵族的子孙仍旧是贵族;另外,一些行业也是世袭的,以前经常出现"子承父业"的现象。这种流动方式把社会成员分为几大类别,各类别之间建立壁垒,只允许他们在一定范围内流动,容易积累社会冲突和矛盾。

混合式流动是指在一个社会中既有开放式流动,又有封闭式流动的情况,即社会成员可以在一定范围内,甚至是在一些社会阶层之间流动,但是他们不能进入另一个领域。例如在现代社会,尽管大部分职业是向所有社会成员开放的,但是一些垄断行业只允许一部分社会成员进入,而另外一些社会成员则被排斥在外,只能参与其他行业。

社会学之窗

高学历低收入的"蚁族"①

"蚁族",大学毕业生聚居群体,被称为继农民、农民工、下岗工人之后出现在中国的又一群体。之所以把这个群体形象地称为"蚁族",是因为该群体和蚂蚁有诸多类似的特点:高智、弱小、群居。据统计,仅北京一地就有至少10万名"蚁族"。上海、广州、西安、重庆等各大城市都有大量"蚁族",在全国有上百万的规模。"蚁族"多从事保险推销、电子器材销售和餐饮服务等低层次、临时性的工作,绝大多数没有"三险"和劳动合同,有的甚至处于失业半失业状态,收入低且不稳定(图9-5)。

今年6月从河北过来的张永刚和两个同学合租住在唐家岭。13平方米,一张双人床、一个地铺、一个小衣柜、两个电脑桌、一个洗手池、3个人,小屋子满满当当。张永刚说:"一个月房租400元,冬天再加100元的取暖费,都是3人平摊,每人每月还得交10元水费,其实就是保护费,上次有个同学过来玩就被强行收了10元钱。"

"我们仨在软件公司,前两天刚签了合同,每月无责底薪1500元,外加

图9-5 "蚁族"的奋斗

200元补助。"张永刚说,"还好公司给交三险。隔壁卖保险的王哥是责任底薪加提成,其他什么都没有。说到生活,一般都是自己做着吃,省钱。也就能养活自己,还没能力报答父母。"

思考:"蚁族"是属于什么类型的社会流动?

---

① 谢建磊,袁帅.京城"蚁族",期待"破茧成蝶"[N].《人民日报》海外版,第4版.2009-11-12. http://paper.people.com.cn/rmrbhwb/html/2009-11/12/content_381296.htm.

三、影响社会流动的因素

社会流动在宏观层面受到社会结构和国家制度安排的影响,在中观层面受到工作单位和家庭等社会生产单位和社会化组织供给的社会资源的影响,在微观层面则主要受到个人后天努力程度的影响。

(一)社会制度因素

在社会流动的分类中,我们已经看到了制度对社会流动范围的影响。1956 年,我国基本消灭了剥削阶级,形成干部、工人阶级、农民阶级和知识分子四大阶层。而用以维持这四大阶层结构的制度设计主要就是户籍制度和社会保障制度。特别是户籍制度,凭借户口登记将人们分为城镇户口和农村户口,并详细规定了城镇户口所能享有的待遇,限制农村户口的进入,这样,持有不同性质户口的人们就不得不受制于户籍制度。户籍成为一种"壁垒",通过限制人口流动,从而限制社会流动(图 9-6)。此外,户籍制度还具有代际传递的特点,父母的户口身份一旦确定,子女的社会分层位置也基本被规定下来。然而,改革开放以来,户籍制度对社会流动的限制有所放松,农民可以进城务工,社会分层也就因为流动而开始发生微妙的变化。

政治身份也曾一度成为影响社会流动的重要因素。从新中国成立到改革开放期间,阶级身份在政治上被贴上"敌"、"我"的标签,这对个体的社会流动产生了深刻的影响。例

图 9-6　户籍制度影响社会流动

如,在过去,"地主"是一种政治身份,这一身份不仅影响自身能获取各种机会,还影响到子女的社会地位,政治身份限制了地主及其家庭成员的社会流动;由于对"贫农"实施扫除文盲等教育,因此促进了贫农阶层的社会流动。改革开放以来,市场经济制度对人们的社会流动起到关键作用,政治身份的影响弱化了,个人凭借自身的能力而获得社会流动的机会变得越来越普遍。

(二)社会组织因素

在中国的单位体制下,单位承担个人的福利,影响个人的发展。在行政级别较高的单位,人们获得的福利较多,而且个人社会地位提升的机会比较大。因而,对个人来讲,进入一个好的单位相当于找到好的社会职业。单位制的"顶替制度"还影响代际流动,父母的社会地位变成了子女的社会地位。

家庭承担为下一代子女提供社会资源的功能,影响着子女的社会流动。在传统社会,家庭的经济状况、父辈的政治和社会地位直接影响到子代的地位获得。即使在现代社会,

家庭背景对子代的影响依然存在。1962 年，美国社会学家布劳（Blau）[1]和邓肯（Duncan）[2]的研究结果显示：父亲的受教育水平和职业直接或间接地影响子代的职业获得。法国社会学家布迪厄（Bourdieu）[3]用文化资本理论进行了深入分析。所谓**文化资本**（Cultural Capital）是指借助不同的教育行动传递的文化物品，文化也像资本一样具有再生产的能力。比如，出生于书香世家的学生，往往比出生于农民家庭的孩子在学业方面能够取得更高的成就。这样，那些能够从家庭中继承丰厚文化资本的人也能够积累自己的文化资本，当文化资本转化为经济资本，就会影响社会流动。

（三）个人因素

一般的，教育是向上流动的推进器。在传统社会，科举制度使得教育与仕途紧密联系，也就有了"学而优则仕"的说法。而在现代社会，个人的受教育水平越高，往往意味着在经济活动中拥有更多的专业知识和技能，在劳动力市场中更具有竞争力，向上流动的机会也更大（图 9-7）。

图 9-7　教育是社会流动的推进器

此外，性别也影响着社会流动。一般的，女性在就业时受到的限制往往要多于男性。同时，女性在劳动报酬和经济地位方面也落后于男性，例如，当妇女进入法律、医药等高报酬且传统上为男性控制的领域时，她们往往被安排在这些领域中地位相对较低的职位上。而在政治上，男性也以绝对优势控制着政府机构。

社会学之窗

致 富 之 道

巴拉昂是一位年轻的媒体大亨，以推销装饰肖像画起家，在不到 10 年的时间里，迅速跻身于法国 50 大富翁之列。临终前，他留下遗嘱，用 100 万法郎作为奖金，奖给揭开贫穷之谜的人。

绝大部分人认为，穷人最缺少是的是金钱，穷人还能缺少什么？当然是钱了，有了钱，就不再是穷人了。还有一部分人认为，穷人最缺少的是机会。一些人之所以穷，就是因为没遇到好时机，股票疯涨前没有买进，股票疯涨后没有抛出，总之，穷人都穷在背时上。另一部分人认为，穷人最缺少的是技能。现在能迅速致富的都是有一技之长的人，一些人之所以成了穷人，就是因为学无所长。还有的人认为，穷人最缺少的是帮助和关爱。每个党派在上台前，都给失业者大量的许诺，然而上台后真正

① 彼得·迈克尔·布劳，Peter Michael Blau，1918—2002。
② 奥蒂斯·达德利·邓肯，Otis Dudley Duncan，1921—2004。
③ 皮埃尔·布迪厄，Pierre Bourdieu，1930—2002。

爱他们的又有几个？另外，还有一些其他的答案，如穷人最缺少的是漂亮，是皮尔·卡丹外套，是《科西嘉人报》，是总统的职位，是沙托鲁城生产的铜夜壶，等等，总之，答案五花八门，应有尽有。

巴拉昂逝世周年纪念日，律师和代理人按巴拉昂生前的交代在公证部门的监视下打开了那只保险箱，在 48561 封来信中，有一位叫蒂勒的小姑娘猜对了巴拉昂的秘诀。蒂勒和巴拉昂都认为穷人最缺少的是野心，即成为富人的野心。在颁奖之日，《科西嘉人报》带着所有人的好奇问年仅 9 岁的蒂勒，为什么想到是野心，而不是其他的。蒂勒说："每次，我姐姐把她 11 岁的男朋友带回家时，总是警告我说不要有野心！不要有野心！我想，也许野心可以让人得到自己想得到的东西。"

思考：个人因素对社会流动产生怎样的影响？

📚 本章要点

- 社会分层是指社会成员、社会群体因社会资源占有不同而产生的层化或差异现象，尤其是指建立在法律、法规基础上的制度化的社会差异体系。
- 造成社会分层的关键原因是社会成员占有的社会资源分布不均。
- 社会结构是指社会形成一种稳定的、制度化的社会不均等体系。社会分层往往形成稳定的、制度化的不均等体系，往往形成"社会分层结构"或"社会结构"。
- 韦伯将财富和收入（经济地位）、权力（政治地位）和声望（社会地位）作为社会分层的主要依据。
- 社会分层形成的机制有 3 个方面：第一，社会制度、社会文化定义了社会资源的价值；第二，社会分配规则决定了社会资源在占据不同社会位置的群体中的分配；第三，社会分层机制形成的最后一个方面是"社会流动"。
- 功能主义认为社会分层是客观存在，而且是必要的，分层在维持社会方面起到某种有益的作用。冲突论理论家认为社会位置高的人获得巨大的财富、声望和权力是因为他们获得了对稀缺资源的垄断并且为了自己的利益而不让这些资源广为扩散从而获得财富、声望和权力。此外，伦斯基认为将功能论和冲突论结合起来能够更好解释社会分层现象。另外，他还认为分层的特点不是一成不变的，而是随着时间而变化。
- 社会流动是指人们在社会结构空间中从一个地位向另一个地位的移动。
- 社会流动具有以下意义：第一，社会流动反映了社会结构的开放程度；第二，社会流动是社会结构的"微调器"；第三，社会流动是社会变迁的指示器。
- 根据不同的分类标准，可以将社会社会流动分为垂直流动和水平流动、代际流动和代内流动、结构型流动与非结构型流动以及开放式流动、封闭式流动与混合式流动等。
- 影响社会流动主要有以下因素：社会制度因素、社会组织因素和个人因素。

思　考　题

1. 什么是社会分层？请运用韦伯的分层标准，对中国社会阶层进行划分。
2. 请列举影响社会分层形成的因素，并举例说明。
3. 对于社会分层现象，功能论者和冲突论者各有什么解释？你怎么看？
4. 什么是社会流动？有何意义？
5. 依据不同的标准，社会流动可以进行怎样的分类？
6. 请联系中国社会实际，阐述影响社会流动的因素。

推荐阅读书目

1. 李强. 社会分层十讲(第二版)[M]. 北京：社会科学文献出版社,2011.
2. 陆学艺. 当代中国社会结构[M]. 北京：社会科学文献出版社,2010.
3. 李春玲. 断裂与碎片：当代中国社会阶层分化实证分析[M]. 北京：社会科学文献出版社,2005.
4. 边燕杰等. 社会分层与流动——国外学者对中国研究的新进展[M]. 北京：中国人民大学出版社,2008.
5. 陆益龙. 户籍制度：控制与社会差别[M]. 北京：商务印书馆,2003.
6. [美]保罗·福塞尔. 格调：社会等级与生活品位(修订第3版)[M]. 梁丽真等译. 北京：世界图书出版公司,2011.

第十章
社会越轨与社会控制

　　城市中,随处可见沿路摆摊的流动摊贩,你觉得他们的行为合适吗?或者说,他们的行为是否为社会所认可? 社会学把那些破坏规范或违反群体和社会期望的行为称为"社会越轨"。那么,沿路摆摊是否属于越轨?

　　通过本章的学习,你将了解越轨的分类和功能;我们还将探讨越轨与社会控制的关系,分析社会如何掌控其成员,使他们顺从社会规范;最后,关于越轨的社会学解释将是我们关注的重点。

第一节

社会越轨

随地吐痰、奇装异服、盗窃、上课迟到,哪些是越轨?它们之间有什么区别吗?我们发现,每个社会都存在越轨现象。

一、什么是社会越轨

几十年前,"走鬼"是香港流动摊贩违法摆卖时,为逃避执法人员的惩罚,相互招呼走脱的隐语。现在,不仅香港,在其他省市,"走鬼"已成为无牌流动摊贩的代名词。许多人认为,"走鬼"阻碍交通,影响周围环境,售卖产品的质量难以保证,应该予以取缔。也有人认为,"走鬼"靠自己的劳动获取财富,为人们提供了更便宜的货物,因此,是否对他们采取严厉的措施应当谨慎(图 10-1)。

图 10-1　城市里的"走鬼"们

换言之,我们如何判定某些现象是否合适?这个问题往往可以从多种角度考虑。**社会越轨**(Social Deviance)是指那些破坏规范或违反群体与社会期望的行为。这个定义表明,我们更倾向于认为越轨受多种因素的影响,而不是纯粹客观的现象。

犯罪是明显的越轨,为什么"上课迟到"也会被视为越轨呢?在社会学家眼中,越轨不是邪恶、堕落的代名词,而意味着"不遵从",上课迟到正是违反了学校的规范。在不同文化中,越轨的具体内容可能不同。例如,在伊斯兰餐厅,食用猪肉的客人会被视为越轨者;而在非伊斯兰餐厅,食用猪肉却是正常行为。换言之,我们的行为是否属于"越轨",很大程度上取决于当时的环境和文化。

个体有独特的爱好,例如收集香烟盒、球鞋、邮票,这算不算越轨呢?我们发现,这些统计意义上的少数行为并不必然意味着越轨,除非它们违反了社会规范。例如酗酒、恋物癖,就是越轨。

随着时间的变化,越轨的定义也会发生变化。以前,大多数中国人还不能接受同性恋行为,认为同性恋不道德,同性恋者心理有问题。现在,人们的认知已经发生了很大变化。而且在许多国家,同性恋婚姻已经合法化。冲突论者还发现,对越轨的界定带有明显的歧视色彩,比如,在美国,穷人和有色人种相对于富人和有权力的人更容易被视为越轨者。这表明,个体的社会地位与个体是否被视为越轨者有很大关系。

最后,越轨未必就是坏的或不可接受的行为,最典型的例子是艺术家的艺术创作。越轨也并非总是自愿的,例如生理缺陷者、精神病人或者过度肥胖者。

社会学之窗

社会越轨是否等同于犯罪①

我们经常倾向于把越轨等同于犯罪。因而,越轨社会学有时与犯罪学相混淆。但这两个领域确实不同。虽然越轨社会学包括犯罪,但它还包括没有犯罪的越轨。

第一,犯罪总是涉及违反法律,而越轨则不然。越轨可能包含违反法律的行为,所以,有些越轨诸如谋杀、抢劫和强奸等也是犯罪行为。在这种意义上,越轨社会学和犯罪学是相同的。但这两门学科在大部分领域是不同的,因为大部分行为不属于犯罪——它们仅仅是脱离了一些社会标准、规则和坐标,例如,裸体舞、酗酒、异端教派和情绪紊乱。

第二,犯罪违反了法律的正式规则,但越轨只违背了公众普遍信仰的非正式规则。因而,作为违反正式规则的犯罪容易受到监禁、罚款,还会受到警察、法官、狱卒和执法机构等其他正式控制机构的制裁;另外,违背非正式规则的越轨则会受到亲戚、朋友、邻居、同龄人甚至陌生人等其他非正式控制组织的批评、嘲笑、谴责、背弃和反对。

第三,越轨的数量和种类比犯罪多得多。犯罪仅仅是一种本质性的行为,因为它是一些被法律所不容的行为,并不包括一些怪诞的信仰和态度。而许多越轨涉及一定的生理或心理的条件或特征,诸如过度肥胖、精神病、相貌丑陋等,这些是决不会受法律制裁的。

第四,正如上面提到的那样,不一定所有的越轨都是犯罪,但所有的犯罪都是越轨吗?大部分犯罪行为,例如谋杀、强奸和抢劫等是越轨,因为它们除了违反法律这个正式的规则之外,也违反了非正式的规则。但是,某些犯罪却不属于越轨,因为它们相对而言,是社会所能接受的。例如,21岁以下年轻人中流行的酗酒、在公共场所内吸烟等,因为太过普遍以及没有立法,所以算不上越轨,但在以新的立法方式明令禁止的美国许多州已经变成了犯罪行为。

---

① [美]亚历克斯·梯尔.越轨社会学(第10版)[M].王海霞等译.北京:中国人民大学出版社,2011:9.(编者注:原书作者使用的是"偏差行为"而非"越轨",因表达的是同一意思,为保证本书的完整性,原书中使用"偏差行为"处都改为"越轨"。)

二、社会越轨的分类

关于社会越轨的分类,按照现有的研究,可以从以下视角来分析。

(一)反常越轨与不遵从越轨

默顿将社会越轨分为**反常越轨**(Aberrant Deviance)和**不遵从越轨**(Nonconforming Deviance)。他发现,反常越轨者往往认同社会规范,但却由于某些原因而违反社会规则。例如,因为贫穷、饥荒而抢掠食物。可以说大多数违法行为都属于反常越轨。与反常越轨者不同,不遵从越轨者并不认同某些社会规范,认为有必要通过越轨向社会提出挑战,他们的目标是改变社会规则。例如,以戴防毒面具表示环境污染严重,表达对环境政策失效的抗议。

(二)被错判的越轨与秘密越轨

贝克尔(Becker)[1]指出,行为可以简单地分为两类,其一,顺从行为,指那些客观上遵从了规范,并且在他人看来也符合规范的行为;其二则是处于另一极端的纯粹越轨,是客观上违反规则,并且被他人认为是背离规范的行为。例如杀人、强奸。贝克尔发现,在顺从行为与纯粹的越轨之间,还有两种更为有趣的行为,即被错判的越轨和秘密越轨。

被错判的越轨(Falsely Accused Deviance)是指被指控者可能并无过错,但却被视为越轨者。即使是法庭也可能发生错判行为,各种"冤假错案"就是典型例证。与此相对还有一种越轨,客观上确实偏离规范,但由于没人发现,或者知情人没有提出异议,这就是**秘密越轨**(Secret Deviance)。因此,我们很难判断有多少秘密越轨,就好像我们很难猜测有多少被错判的越轨一样。例如,关于同性恋的调查显示,同性恋者很少在自己的异性恋朋友面前表明真实的性取向。贝克尔的越轨分类见表 10-1。

表 10-1 贝克尔的越轨分类[2]

类 别	遵循规范的行为	违反规范的行为
被他人视为越轨的行为	被错判的	纯粹越轨
不被他人视为越轨的行为	顺从	秘密越轨

三、社会越轨的功能

社会越轨既然是一种普遍的现象,那么,它对我们的生活有哪些影响呢? 从功能论视角出发,越轨不仅有负功能,还有许多正功能。

---

① 霍华德·索尔·贝克尔,Howard Saul Becker,1928— 。
② [美]霍华德·S.贝克尔.局外人:越轨的社会学研究[M].张默雪译.南京:南京大学出版社,2011:16.

（一）越轨的正功能

第一，越轨有助于澄清并定义社会规范。例如，正因为存在随意踩踏草坪、在草坪上饮食等损毁草地的行为，才会确立"请勿践踏草坪"的规范。换言之，许多社会规范在破坏之前并没有明确或确立，恰恰是越轨的出现促进了相应社会规范的完善。

第二，越轨能增加群体的团结，促使人们采取一些共同行动去控制或者组织越轨。社区居民组织设立保安执勤、安装电子锁和外来人员出入登记制度，就是为保证社区安全所采取的共同行动。对于越轨团体而言，他们也必须团结一致，才能保证越轨行动的成功。

第三，越轨能带来社会系统所需要的变迁。非遵从越轨者的主要目标就是通过越轨引发社会变迁。以前，乙肝病毒携带者在求职应聘中受到各种歧视，但通过乙肝病毒携带者的不断抗议和科学知识的普及，社会已经取消了入职体检中检测乙肝项目的规定。

第四，越轨能促使我们更愿意遵从社会规范。当越轨受到惩罚和谴责时，我们就会更乐于选择遵从。例如，"上课迟到"显然不被老师和同学所赞赏，甚至会受到一定的惩罚。那么，我们更愿意选择遵守纪律。

（二）越轨的负功能

第一，某些越轨的广泛流传，可能弱化我们遵从的动机。如果男性穿耳洞、女性吸烟、青少年酗酒成为普遍现象，我们也许会渐渐认可甚至效仿这些行为（图10-2）。那么，遵从社会规范的动机和习惯就会弱化。不难想象，当越轨和遵从获得相同的回报时，遵从也许不是你的最佳选择。

图 10-2　女性吸烟

吸烟有害健康，为什么还有那么多人选择吸烟呢？特别是青少年和女性。

第二，越轨使社会不可预知并充满风险。试想，在校门口悠闲散步的你，会不会希望碰上醉酒驾驶的司机？你正在银行办理业务，会不会担心遇到持枪抢劫？只要有人不遵守社会规范，实施越轨，我们的生活就会面临各种风险。

第三，越轨也可能导致社会解组。**社会解组**（Social Disorganization）是指社会机构的崩溃。当局部的越轨引发社会的整体冲突乃至战争时，社会机构可能会濒临崩溃，人们也就无法遵从已有的社会规则和价值观。战争、人口变化、技术革新以及各种自然灾害都有可能导致社会解组。

越轨是对社会规范的破坏或违反,我们发现,社会不会任由越轨存在,而总是采取各种措施来鼓励遵从,消除或惩罚越轨。

一、什么是社会控制

那些旨在防止越轨并鼓励遵从的技巧和策略就是**社会控制**(Social Control)。社会控制主要通过社会化引导个体遵从社会规范和期望。例如,在家里,我们要顺从父母;在学校,我们要尊敬老师,遵守校纪,团结同学;社会化还要求我们要热爱祖国,教导我们生命可贵,不可轻生(图 10-3)。

图 10-3　对越轨行为实行社会控制

大部分人都会接受基本的社会规范,并预期他人也会这么做,这就是遵从。等待红绿灯的行人和司机,预期他人也会遵守交通规则。不必他人过多强调,我们都明白乘坐地铁要购买车票,我们也会自觉排队乘电梯。在接受和遵守社会规范的过程中,我们成功完成了社会化。但是,如果我们接收到与现有规范相冲突的信息时,我们可能会对现有的社会规范产生怀疑甚至提出挑战。

在功能论者看来,社会和组织想要发展,就必须让成员遵守他们的规范。因此,社会控制不但必要而且非常有用。但是,冲突论者却声称,社会规范只是一些人控制另一些人的工具,比如,早前,美国社会要求黑人乘车时只能坐在后排的黑人专区,显然,这种规范带有歧视的性质。

二、社会控制的分类

在讨论社会控制的分类之前,我们需要先了解两种现象,即从众与顺从。

(一)两种现象:从众与顺从

试想,当全班同学都穿着校服参加晨练时,你会怎么办? 如果军训时教官让你绕操场跑一圈,你又会怎么办?"社会心理学家米尔格拉姆(Milgram)[1]发现,那些我们视为同辈的人会影响我们特定的行为,而那些有权威或占据一定社会地位的人也会影响我们的行为。"[2]他用两个概念来定义上述现象。**从众**(Conformity)是指和同辈一样的行动,例如,和全班同学一样穿校服参加晨练。与此相对,**顺从**(Obedience)则是对阶级结构中具有较高权威者的依从。军训中学生对教官命令的服从就是顺从。

1. 从众

著名的谢里夫(Sherif,1936—1937)[3]自动移动光效果(Autokinetic Light Effect)研究发现,个体因受到群体影响和压力,会在知觉、判断及行为上倾向与群体中的多数人保持一致。谢里夫让实验参与者判断光点移动的距离,由于他们没有游动错觉的知识,结果出现各种判断。随后,谢里夫让助手以肯定的口吻指出距离判断的尺度,几次实验之后,越来越多的参与者给出了与助手接近的答案。这说明了人们在信息不明、自己没有明确判断时,会不断地调整和修正自己的认知,最终会在群体压力和群体规范面前表现出从众行为。

社会学小调查

从众实验

这是一个视觉判断实验,首先你将拿到一张卡片,上面仅有一条垂直线段,称为"标准线段"。随后,拿出另一张卡片,上面有 3 条垂直线段,其中有一条与那条"标准线段"一样长(图 10-4)。

试想,你能正确判断哪一条线段与标准线段一样长吗? 假如与你同组的其他 6 名被试都与你的答案不一致,你会考虑更改答案吗?

这就是美国社会心理学家所罗门·阿希(Solomon Asch)设计的著名的"线段实验"(1955—1956),实验的

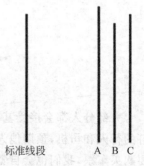

标准线段　　　　A　B　C

图 10-4　线段实验

---

① 斯坦利·米尔格拉姆,Stanley Milgram,1933—1984。

② [美]理查德·谢弗.社会学与生活(插图第 9 版)[M].刘鹤群,房智慧译.北京:世界图书出版公司,2006:206.

③ 谢里夫,Sherif,1906—1988。

结果是33%的被试者屈从于小组压力而选择了错误答案。其实,那6名被试者都是实验助手,故意给出了错误答案。

2. 顺从

与从众不同,对权威的顺从则是另一种情况。米尔格拉姆的实验发现:当受命执行任务时,一个人可以毫不犹豫地行动。实验中,米尔格拉姆是命令官,被试者是执行电击的人员,而回答问题的是"受害人"。当"受害人"答错题目时,就会受到电击。在150瓦强度时,已经有"受害人"要求放弃试验,并拒绝将手放在电击板上。这时,被试者则接到米尔格拉姆命令强行把"受害人"的手放在电子板上。虽然有40%的被试者在这时会停止遵守米尔格拉姆的命令,但30%的人仍然会无视"受害者"承受的极端痛苦,而选择继续执行命令。①

不难发现,我们习惯于服从各种"权威"。在现代社会,个体的权威地位常通过他们的头衔或制服体现,例如教授、警察、医生、官员的头衔,法官的法袍、军人的军服。

社会学与生活

集中营看守的"义务"

在电影《生死朗读》(*The Reader*)中,女主角汉娜曾在集中营做看守,亲眼目睹困于教堂大火的集中营俘房,而没有伸出援手。她的解释是,作为看守,她有义务维持秩序(图10-5)。

图10-5 汉娜在审判法庭上

思考:运用你的社会学想象力,试想,我们应该如何理解汉娜的行为?

(二)两种控制:内在控制与外在控制

用于鼓励从众和顺从,防止违背社会规范的奖惩制度是通过内在控制和外在控制进行的。

---

① [美]理查德·谢弗. 社会学与生活(插图第9版)[M].刘鹤群,房智慧译.北京:世界图书出版公司,2006;207-209.(有删改)

1. 对越轨的内在控制

内在控制(Internal Social Controls)是指那些引导人们自我激励并按照遵从的方式去行动的努力。如果没有人知道,你会随地大小便吗?估计大部分人的回答都是否定的。这就是内化的作用,内化是内在控制的主要方式。所谓**内化**(Internalization),是指个体逐渐把群体或社会规范融入自己人格结构的过程。内化建立在认同的基础上,个体把社会对自己的要求转化为自身的一种自觉行为。因此,内化是社会控制的有效途径。如果一种规范内化成功,即使没人监督,个体也会自觉遵守。不会随地大小便,不是因为怕受到惩罚,而是个体内心确信这是可耻和错误的行为。

内化使人产生负罪感、责任和自制,进而减少越轨的可能性。"人穷志不穷"就体现了内化的力量。更确切地说,我们希望自己是守法、自觉、负责、友爱、被他人尊重和诚信的人。

2. 对越轨的外在控制

除了内在控制,外在控制也随处可见。警察会处罚醉酒驾驶的司机,家长会批评顽劣的孩子,这些都是外在控制。**外在控制**(External Social Controls)是通过运用各种正式的和非正式的社会制裁促使人们遵从的压力。外在的控制包含社会制裁的应用,分为非正式控制和正式控制两种。

（1）非正式控制

微笑、点头、鼓掌都可以用来强化社会规范,它们属于非正式控制的范畴。**非正式控制**(Informal Social Control)指的是一种来自非官方而相当微妙的压力,它会促使人们遵守社会规范和价值。在初级群体中,人们更乐于使用非正式控制,例如父母的禁止和引导,朋友的赞赏和鄙视、邻里的议论和建议等,都是非正式控制。这些控制有不赞成、禁止,还有体罚。体罚存在于众多文化中,古代私塾先生有专用戒尺用于管束学生;现在,许多父母也把打屁股、打耳光、罚站或禁足作为矫正子女行为的手段。

在公共场所,越轨总易引来指责和非议,这形成了一种无形的制约。例如,许多人可能会反感在公共场合接吻的情侣,制止在电影院大声讲话的观众。非正式控制正是以上述形式强化个体对社会规范的遵从。当然,非正式控制可能有效,也可能并未达到预期的效果。例如,当众接吻的情侣可能觉得他们的行为很正常而且很浪漫,因此不会因为他人的议论而放弃。试想,如果当众接吻的是你的好友,你会去指责他吗?由此可见,非正式控制的运用还需要考虑越轨者自身的因素以及我们与越轨者之间的关系。

社会学与生活

"告密"也是一种社会控制

你如何看待"告密"行为(图 10-6)?告密属于社会控制中的哪一种?

如果告密和检举的对象是贪官,你怎么看?

如果贪官是你的朋友,你会揭发他吗?这反映了社会控制中的什么问题?

图 10-6　告密者,悄悄话

（2）正式控制

在社会化和非正式控制无法达到预期效果时,社会也会采用各种正式控制。**正式控制**(Formal of Social Control)是一种直接来自官方的压力,它会促使人们遵守社会规范和价值。警察、法官、管理人员、神职人员、教师、医生等是从事社会控制的人员,而法院、监狱、劳改所和精神病院等都属于实施社会控制的机构。

开除学籍、罚款、吊销驾照、党内警告、劳动改造都是正式控制。正式控制最为严厉的手段就是法律。法律根据违法行为的严重性违法者的动机和年龄,可判处剥夺财产、自由甚至生命。对某种越轨应该给予何种控制以及控制的程度取决于不同的社会环境。例如,在新加坡,嚼口香糖是违法行为,而在中国却不是。

第三节

社会越轨的相关理论

个体为什么会违反社会规范？ 讨论完越轨的正式和非正式控制后,我们发现,越轨会付出各种代价。那么,为什么我们不能完全消除越轨呢？ 让我们一起关注社会学家是如何理解这些问题的。

社会学之窗

社会越轨的生物学和心理学解释

不仅社会学家对社会越轨问题感兴趣,生物学家和心理学家也做了大量的研究。

生物学家主要从遗传和生理的角度研究,他们认为越轨存在着病理学依据,而不关注越轨的社会原因。例如,19世纪70年代,意大利犯罪学家塞尔·龙布罗梭(Cesare Lombroso)就曾提出可以用颅骨的形状来确认犯罪的类型。后来又有学者提出,基因是导致越轨的原因之一。然而,今天的研究已经证明基因和骨骼并不能引发特定的人格,社会生物学的许多结论尚处于争议之中,社会学家也尽量避免因为社会生物学对越轨的解释而造成种族歧视。

心理学家更关注犯罪者的人格特质,而非生理特征。早期心理学研究的重点在于犯罪特征,包括"意志薄弱"和"道德退化"。汉斯·艾森克(Hans Eysenck)认为,失常的精神状态是遗传而来的,这既可能使个体有犯罪的先天倾向,也可能使个体在社会生活中制造问题。例如,外向性格的个体既可能是人际高手,但也更易于冲动。心理学家也关注心理变态者,他们认为心理变态者具有内向和冷漠的特征,他们常常行为冲动,却很少有负罪感。有许多心理变态者以虐待别人或受虐为乐。这些观点在一定程度上解释了犯罪行为的某些方面,比如,为什么有些犯罪者无比残暴?

生物学和心理学解释似乎都假定许多犯罪行为是由于个体,而非社会因素造成。但是,社会学家却鼓励我们考虑社会因素对越轨的影响。

一、功能论观点

同样是获取财富,为什么有些人选择工作,而另一些人选择盗窃?为什么有些人并不在意财富,而有些人却视财如命?这也是默顿所关心的。

1938年,默顿提出了著名的**失范理论**(Anomie Theory)。默顿发展了涂尔干的"失范"概念,涂尔干认为如果社会不能限制个体的冲动,个体就会越轨。与涂尔干相反,默顿认为,正是社会的限制鼓励了个体的越轨。因为社会限制使个体徒有理想,却无法实现。

默顿所谓的**失范**(Anomie),指的是一种规范和价值相互冲突或者规范与价值相对脆弱、缺失的社会状况。以美国为例,默顿指出美国社会一直很强调成功的文化价值。于是,从小到大,你会受到各种鼓励去追求成功和荣誉。但当你满怀信心进入社会,准备一展抱负时,你会发现起点不同的人成功的机会也不同,并不是每个人都可以像林肯(Lincoln)①一样,通过不懈的努力,就有机会成为美国总统。因为,与目标相比,实现成功的合法化手段,诸如得到一份好工作,却相对稀缺。为此,你会感到失落和挫败,体会到社会失范,甚至怀疑社会目标或合法手段的合理性。

默顿发现,属于某些群体的个体可能很少或根本没有机会通过合法途径去实现社会广泛认可的目标,过高的成功欲和较少的成功途径之间的矛盾导致美国社会过度紧张、压力重重。默顿总结了个体在面对社会所认可的价值观与实现它们有限手段之间的紧张关系时,可能有的5种回应方式。如表10-2所示,除了遵从模式外,其他4种类型从某种程度而言,都属于越轨。

第一,**遵从论者**(Conformists)接受成功的文化目标和为此采取的合法方式。大多数

---

① 亚伯拉罕·林肯,Abraham Lincoln,1809—1865。

人都属于这一类型。

第二，**创新者**(Innovators)，他们接受社会文化所认可的价值观，但他们却拒绝社会认可的手段，而采用他们自己的"新"手段，无论合法还是非法。创新者主要是较低阶层的社会成员，这也是默顿理论关注的核心。通过非法手段获取财富的人就属于这种类型。

第三，**仪式主义者**(Ritualists)，他们就像小心翼翼的员工，降低自己的要求标准，强迫自己遵从规则，仅仅因为这些是规则而已。这是中下层社会中普遍流行的方式，例如对于为完成九年义务教育而去上学的学生，上学变成了一种义务，而不是获取成功的方式。

第四，**退却主义者**(Retreatists)，他们既拒绝目标也拒绝手段。这类人大多"脱离社会"，例如瘾君子、流浪者、隐士、僧侣。梭罗笔下《瓦尔登湖》的生活，就是退却主义者最典型的写照。

默顿所描述的最后一项适应模式即"**反抗者**"(Rebels)。他们认为现有的目标和手段都不可取，进而提出了自己的目标和方法。例如，共产主义者就不仅对资本主义的生活方式和目标提出了质疑，还提出了完全不同的政治目标和革命手段。

表 10-2　社会失范理论中的回应模式

模式	合法手段	社会目标
遵从	接受	接受
创新	拒绝	接受
仪式主义	接受	拒绝
退却	拒绝	拒绝
反抗	拒绝且有自己的手段	拒绝且有自己的目标

默顿的理论在后期得到了不同程度的发展，例如，克洛沃德(Cloward)[1]和奥林(Ohlin)[2]提出，如果下层成员没有违法的机会，他们就不可能出现越轨，即他们需接触犯罪亚文化。当然，近期的研究也发现，并非只有成功目标上的受挫会引发越轨，感情受挫和愤怒也会引发越轨。

失范理论对研究越轨贡献很大，因为它指出越轨是社会而不是个人原因造成的，越轨者往往拥有与普通人一样的追求。默顿后期也发展了**相对剥夺感**(Relative Deprivation)的概念，强调人们因为发现自己与参照群体相比处于劣势地位时，产生一种剥夺感，这种感受会使人们产生消极情绪或从事越轨。这种相对剥夺感产生于相对剥夺地位，相对剥夺地位是个体或社会群体与社会中其他成员或者群体相比较，对有价资源占有较少或不占有的状态。

默顿的理论尽管受到了广泛赞誉，但也存在一些问题。例如，为什么有些弱势群体比其他弱势群体有较低的犯罪率？它也无助于解释为什么特权阶层也会从事越轨，即无法证明下层成员确实比上层成员更有可能出现越轨。

---

① 　理查德·克洛沃德，Richard Cloward，1926—2001。

② 　劳埃德·奥林，Lloyd Ohlin，1918—2008。

社会学与生活

相对剥夺感：小房子与大宫殿

马克思在《雇佣劳动与资本》中写道："一座房子无论怎样小，在周围的房子都这样小的时候，它是能满足社会对住房的一切要求的。但是在这座小房子周围耸起一座宫殿，这座小房子就缩成茅舍模样了。并且不管小房子的规模怎样随着文明的进步扩大起来，只要近旁的宫殿以同样的或更大的规模扩大，小房子的主人会在那四壁之内越发觉得不舒适，越发不满意，越发感到受压抑。"

这个比喻精确地描述了什么是相对剥夺感。

二、冲突论观点

冲突论者不认为法律是中性的，恰恰相反，他们认为法律代表了特权阶层的价值和利益。社会学家昆尼（Quinney）[1]曾指出，司法系统是为有权力的人服务的。社会控制的权威机构（立法机关和司法机构）都由权势阶层组成，因此，什么行为属于越轨是由他们来判定的。例如，在美国，法律禁止使用毒品、教义禁止堕胎，但却没有将枪支列为违禁品，这在一定程度上反映了法律为军火商和政府所操控。因此，为什么无权无势的人越轨频率较高也就很易理解了。反过来讲，如果让穷人、女性和少数民族者制定法律，那么，权势阶层的许多行为也会被判定为越轨。

冲突论观点提出两种理论：**文化冲突理论**（Culture Conflict Theory）和**马克思主义冲突理论**（Marxian Conflict Theory）。文化冲突理论强调，复杂社会包含许多亚文化，较为强大的亚文化能有效地将许多弱小的亚文化界定为越轨。比如，推崇一夫一妻制的法律必定将婚外情和一夫多妻或一妻多夫视为越轨。

马克思主义冲突理论更注重社会阶级的不同权力，而非文化的多样性。该理论认为越轨是阶级冲突的产物。例如，在资本主义社会，最严重的罪行是对财产的犯罪，而这种罪行多为穷人对富人的越轨；相反，富人的行贿、诈骗罪尽管危害很大，却被视为一般罪行处理。按照马克思主义冲突理论，我们更应该关注的是，权势阶层是如何通过法律、规范等形式压榨和迫害弱势阶层，以维护自身特权的。

总之，冲突论者认为，社会并不存在什么一致的规范，法律也并不能公正地保护每个成员的利益。

三、互动论观点

为什么有些群体比另一些群体更容易从事犯罪？又为什么在某些情形下，犯罪更易

---

[1]　理查德·昆尼，Richard Quinney，1934—　。

发生？这些是互动论者关注的重点。

（一）文化传递理论

文化传递理论认为，不管遵从还是越轨都是社会化的结果，那些习得越轨观念的人比其他人更可能采取越轨。

社会学家萨瑟兰（Sutherland）[1]开创了**文化传递**（Cultural Transmission）理论学派，指出个体正是通过与他人的互动，学习犯罪行为。这种学习不仅包括犯罪技术，还包括犯罪动机、犯罪规则和对犯罪的合理解释。比如，盗墓者必须首先学习盗墓的技术，还需了解盗取物品的价值和运输渠道，当然，盗墓群体还有自己的行话和行规。越轨者也会为自己的行为找出合理的解释，逃课的人可能会把逃课的原因归结于读书无用或课程无聊。

我们经常会发现有同学逃课，那么，你会效仿逃课行为吗？萨瑟兰的**差异交往理论**（Theory of Differential Association）认为，每个人都会受到遵从和越轨的双重影响（图10-7）。哪种行为对我们的影响较大，我们就较易向哪种行为学习。换言之，不会逃课并非没有受到逃课行为的影响，而是因为遵守课堂纪律的影响更大。萨瑟兰强调，有几个不同的因素会打破平衡偏向越轨：与教唆越轨的人联系密切，与之交往的次数就越多、越频繁和越持久，且接触时的年龄越小，当事人变为越轨者的可能性就越大。[2]

图 10-7　选择的岔路口

差异交往理论认为：个体会受到越轨与遵从的双重影响，哪边的影响更大就会偏向哪方。之后，差异认同理论将其修正为在双重影响下，个体更认同哪种行为，就越会偏向哪方。

随后，格莱瑟（Glaser）发现，萨瑟兰的理论过于简单和机械，她举例说，律师经常接触越轨者，是否他们就会成为越轨者呢？因此，只要我们不认同越轨者的行为，我们就不会采取越轨。只有在差异交往与越轨之间插入"**差异认同**"的过程，才可以更好地预测个体是否采取越轨。

文化传递理论还发现，有些企图纠正越轨的地方实际上也在传授越轨。监狱中的新犯人往往从惯犯口中习得更多的犯罪方法，而观看暴力电影对儿童行为的影响也一直受到研究者的关注。

---

① 埃德温·萨瑟兰，Edwin Sutherland，1883—1950。

② ［美］戴维·波普诺.社会学（第十一版）［M］.李强等译.北京：中国人民大学出版社，2007：240.

（二）标签理论

为什么同样逃课的两个学生，一个轻易过关，而另一个却被视为"坏学生"？标签理论者侧重于研究为什么有些人更易被视为"越轨者"。**标签理论**（Labeling Theory）关注个体如何被贴上越轨标签以及个体接受越轨标签的过程。

在标签理论家看来，越轨是相对事实，只有越轨被他人贴上越轨标签时，个体才会成为越轨者。我们生活中存在大量的越轨，例如对家人或朋友说谎、迟到、闯红灯，但我们却不一定被视为越轨者。雷梅特（Lemert）提出了一个模型，用以解释标签如何影响越轨者的自我意识，并最终成为其自我认同的核心。雷梅特认为，偶尔的违规行为是**"初级越轨"**（Primary Deviance），这种行为常以规范的矫正而结束，并不会对个体自我认同产生影响。但是，假如规范矫正并没有起到预期效果，个体却被贴上了越轨的标签，就进入了**"二级越轨"**（Secondary Deviance，又译为"次级越轨"），这时，个体已经接受了自己是越轨者的事实，并以此来决定自己的行动和自我观念。个体开始表现出越轨者的某些特征，例如特殊的穿着或特定的语言，使人们很容易辨认他们。那么，越轨者开始拥有各种公开的标签，诸如"瘾君子"、"骗子"、"杀人犯"或"精神分裂者"。

一般而言，成为职业越轨者必须经历3个步骤。首先，他人对越轨的观察。其次，他人给越轨者贴上越轨标签。最后，贴上越轨标签的越轨者加入越轨群体亚文化，持续从事越轨。一旦经历了这3个步骤，个体就很难恢复到遵从状态。

贝克尔也指出，一旦个体被贴上越轨者的标签，那么，越轨身份就会成为个体的主要身份。我们在谈论越轨者时，首先关注的都是他的越轨身份，例如他不是女性、家人、水管工，而是越轨者。我们会轻视或排斥他，邻里会议论和疏远他，而社会将会给他更少的机会，出狱人员的就业问题和社会的认同问题一直很难解决，就是最好的佐证。因此，贝克尔发现，越轨者可能会继续从事越轨，一方面出于生计考虑；另一方面则是从越轨群体中可以得到情感和支持。

标签理论可以说明为什么有些人会持续越轨，但不能解释初次越轨的原因。许多人从事越轨恰恰是为了获取财富，这就很难完全用标签理论解释。

社会学与生活

水浒英雄的"标签"

在小说《水浒传》中，宋江等人皆因违反社会规范被贴上"贼寇"的越轨标签，标志就是额头的刻字。他们被放逐后，逐渐聚集于水泊梁山，也即建立了自己的"越轨群体"，等于完成了职业越轨者须经历的3步。他们被后世誉为"梁山好汉"，而大宋朝廷却视他们为"匪寇"（图10-8）。

思考：用标签理论如何解释这种现象？

图 10-8 "好汉"与"匪寇"

（三）日常活动理论

日常活动理论（Routine Activities Theory）是互动学派关于犯罪和越轨研究的最新理论。他们强调，越轨要发生，必须具备 3 个条件，即在同一时间、同一地点，必须有加害者、被害者和（或）财产目标。

日常活动理论认为，当这三者聚集在一起时，越轨发生的可能性大大增加。比如，没有人看管的房子，无论是白天还是假期，都可能成为犯罪目标；而夜晚在狭窄黑暗地方走动的女性也易于成为被跟踪和抢劫的对象。城市犯罪研究也证明了"热门地点"的存在，有些地方确实成为犯罪高发地，比如，银行、珠宝店、赌场常成为抢劫者的目标对象，因为这些地方往往汇集了犯罪者（窃贼）、受害者（银行、珠宝店）以及数额巨大的财物（目标）（图 10-9）。

图 10-9 金店

摆满琳琅满目的珠宝、金饰的金店，可能诱发抢劫金店的行为。

四、社会控制理论

你有没有发现，私人安全服务、社区保安服务、汽车报警装置、安全防盗门和各种监控系统越来越普遍？似乎我们时刻都在担心自己的财产与安全（图 10-10）。在**社会控制理论**（Social Control Theory）看来，越轨不需要解释，遵从才需要解释。他们假设，只要有机会，我们都会成为越轨者。所以，"缺乏社会控制就会导致偏差行为"。

图 10-10 监控——小区的"眼睛"

根据控制理论家赫希（Hirschi）的假设，我们都像动物那样本能上有偏差倾向。在 1969 年《少年犯罪原因》（*Causes of Delinquency*）中，他提出了**社会纽带**（Social Bond）是制约人们犯罪的重要因素，犯罪缘于社会纽带的薄弱。这种社会纽带主要指：依恋（Attachment）、责任（Commitment）、卷入（Involvement）与信念（Belief）。对家庭、学校、朋友或组织的依恋越深，我们就越倾向于遵守社会规范，而不是违反；越专注于各种传统活动、社会生活，我们就越没有时间和精力从事越轨；当然，我们既然坚信社会道德和社会规范的正当性，也就没有动力和信念实施越轨。反过来，如果这些联系不够强大，越轨就会发生。因此，赫希认为，那些自我控制能力较低的越轨者可能是因为经历了不充分或失败的社会化。

赫希将社会纽带和自我控制当作制约越轨的主要力量。

社会学之窗

破窗理论的启示[①]

控制理论与一种有影响的管制方法相关，后者经常被称为破窗理论（Break Pane Theory）。这一大约在 1969 年提出的理论认为，秩序混乱的表象和真实的犯罪之间有直接的联系。一个地区只要有一扇破窗一直没有修理，就等于给潜在的犯罪发出信号，即无论是警察还是当地居民都不承担维护社区的责任。接着，更多秩序混乱的迹象开始出现，包括墙上的涂抹乱写、乱丢垃圾、被破坏的公物、被废弃的车辆。这个地区将开始逐渐衰落，"受尊敬的"居民将想办法离去，取而代之的是"越轨的"新来者，例如，毒品贩子、无家可归者和假释的人。

---

① ［英］安东尼·吉登斯. 社会学（第五版）［M］. 李康译. 北京：北京大学出版社，2009：665-666.

破窗理论是所谓"零容忍"管制的基础,零容忍管制方法强调减少严重犯罪的关键是一直要进行秩序的维持。零容忍管制的目标是小的犯罪和破坏性的行为方式,例如,破坏公物、闲荡、为赚钱而拉客、公开酗酒。警方对低层次越轨的打击被认为会对减少更为严重的犯罪形式产生积极的影响。自从在纽约市取得了显著成功后,零容忍管制已被广泛地引进美国的大城市中。开始是采取积极行动恢复地铁的秩序。随后,纽约警察局把零容忍管制方法进一步运用到街道上,强化了对乞丐、无家可归者、街头摊贩和成人书店及俱乐部老板的限制。不仅一般犯罪(如抢劫和盗窃)率大幅度下降了,甚至连谋杀率也几乎下降到了一个世纪里的最低水平。

然而,破窗理论的一个重要缺陷是,警察可以随心所欲地定义"社会秩序"。由于没有对无序进行系统性的定义,警察有权把任何东西视为无序的迹象,把任何人都视为一种威胁(图 10-11)。

思考:可以用破窗理论来分析你活中的哪些事情呢? 你所在的城市有没有"零容忍管制"实例呢? 试举例说明。

图 10-11　破窗效应

 ## 本章要点

- 每一个社会都有关于是非对错的标准,每一个群体也有属于自己的规范。那些破坏规范或违反群体与社会期望的行为,就是社会越轨。

- 社会越轨可以分为反常越轨和不遵从越轨。反常越轨者往往认同社会规范,但由于某些原因而违反社会规则。与反常越轨者不同,不遵从越轨者并不认同某些社会规范,认为有必要通过越轨向社会提出挑战,他们的目标是改变社会规则。

- 社会越轨也可以分为被错判的越轨与秘密越轨。被错判的越轨是指被指控者可能并无过错,但却被视为越轨者。还有一种越轨,客观上确实偏离规范,但由于没人发现或者知情人没有提出异议,这就是秘密越轨。

- 社会越轨具有澄清并定义社会规范、增加群体的团结、带来社会系统所需要的变迁和促使人们遵从社会规范等正功能。同时,社会越轨具有弱化人们遵从动机、使社会不可预知并充满危险和导致社会解组等负功能。

- 社会控制是指在防止越轨并鼓励遵从的技巧和策略。

- 从众是指和同辈一样的行动;顺从是对阶级结构中具有较高权威者的依从。

- 内在控制是指那些引导人们自我激励并按照遵从的方式去行动的努力。外在控制则是通过运用各种正式的和非正式的社会制裁促使人们遵从的压力。

- 正式控制是一种直接来自官方的压力,它会促使人们遵守社会规范和价值。非正式控制指的是一种来自非官方而相当微妙的压力,它会促使人们遵守社会规范和价值。

- 社会失范理论认为,个体在面对社会所认可的价值观与实现它们有限手段之间的紧张关系时,往往有5种反应模式,除了遵从模式外,其他4种类型从某种程度而言,都属于越轨。
- 冲突论观点提出两种解释理论:文化冲突理论和马克思主义冲突理论。文化冲突理论强调,现代社会包含许多亚文化,较为强大的亚文化能有效地将许多弱小的亚文化的价值界定为越轨。马克思主义冲突理论认为越轨是阶级冲突的产物。
- 互动论的研究较广,文化传递理论强调,不管遵从还是越轨都是从社会生活中习得的,那些习得越轨观念的人比其他人更可能采取越轨,所以,有些群体比另一些群体更容易犯罪。在标签理论家看来,越轨是相对事实,只有越轨被他人贴上越轨标签时,个体才会成为越轨者。日常活动理论认为,在同一时间、同一地点,当加害人、被害者和(或)财产目标这三者聚集在一起时,越轨发生的可能性大大增加。
- 在社会控制理论看来,越轨不需要解释,遵从才需要解释。他们假设,只要有机会,我们都会成为越轨者。控制论者关注社会纽带和自我控制对防止越轨的作用。

思 考 题

1. 学生逃课是越轨吗?为什么?
2. 社会越轨有何正功能?请举例说明。
3. 正式控制对什么样的越轨更有效?非正式控制呢?
4. 解释越轨的理论有:社会失范理论、文化冲突理论、马克思主义冲突理论、文化传递理论、标签理论、日常活动理论、社会控制理论。你觉得哪些理论更有说服力呢?请说明理由。
5. 请结合越轨的实例,运用标签理论进行解释。

推荐阅读书目

1. [美]霍华德·S. 贝克尔. 局外人:越轨的社会学研究[M]. 张默雪译. 南京:南京大学出版社,2011.

2. [美]亚历克斯·梯尔. 越轨社会学(第10版)[M]. 王海霞等译. 北京:中国人民大学出版社,2011.

3. [英]马丁·因尼斯. 解读社会控制——越轨行为、犯罪与社会秩序[M]. 陈天本译. 北京:中国人民公安大学出版社,2009.

附　录

附录一　关键术语中英文对照

第一章

sociology	社会学	common sense	常识
sociological imagination	社会学想象力	natural science	自然科学
social science	社会科学	positivism	实证主义
social Darwinism	社会达尔文主义	organic solidarity	有机团结
mechanical solidarity	机械团结	social integration	社会整合
social regulation	社会调控	verstehen(德语)	理解
ideal type	理想型	value neutrality	价值中立
values	价值观	bourgeoisie	资产阶级
proletariat	无产阶级	functional theory	功能论
manifest function	显功能	latent function	潜功能
function	正功能	dysfunction	反功能
conflict theory	冲突论	feminism	女性主义
symbolic interactionism	符号互动论	symbol	符号
dramaturgical theory	拟剧论		

第二章

positivism methodology	实证主义方法论		
anti-positivism methodology	反实证主义方法论	scientism	科学主义
humanism	人文主义	quantitative research	定量研究
qualitative research	定性研究	hypothesis	假设
variable	变量	independent variable	自变量
dependent variable	因变量	research design	研究设计
verification	证实		

falsification	证伪	value neutrality	价值中立
questionnaire	问卷法	open-ended question	开放式问题
closed-ended question	封闭式问题	survey population	调查总体
sample	样本	sampling error	抽样误差
random sampling	随机抽样	experiment	实验法
experimental group	实验组	control group	控制组
independent variable	自变量	dependent variable	因变量
pre-test	前测	post-test	后测
Hawthorne effect	霍桑效应	nonparticipant observation	非参与观察法
participant observation	参与观察法	interview method	访谈法
depth interviewing	深度访谈		

第三章

culture	文化	cultural structure	文化结构
cultural trait	文化特质	cultural complex	文化丛
cultural pattern	文化模式	symbol	符号
language	语言	Sapir-Whorf Hypothesis	萨丕尔-沃尔夫假设
nonverbal communication	非语言沟通	values	价值观
norms	规范	formal norms	正式规范
informal norms	非正式规范	folkways	民俗
mores	民德	sanctions	奖惩
material culture	物质文化	ecological perspective	生态学视角
subculture	亚文化	argot	隐语
counterculture	反文化	anti-intellectualism	反智主义
culture shock	文化震惊	ethnocentrism	族群中心主义
cultural relativism	文化相对主义	xenocentrism	媚外主义
culture integration	文化整合	culture change	文化变迁
culture lag	文化堕距		

第四章

socialization	社会化	primary socialization	初始社会化
anticipatory socialization	预先社会化	continuous socialization	继续社会化
resocialization	再社会化	total institution	全控机构
hidden curriculum	隐性课程	peer group	同辈群体
occupational group	职业群体	mass media	大众传媒
personality	人格	self	自我
looking-glass self	镜中我	role playing	角色扮演
I	主我	me	客我
imitation stage	模仿阶段	play stage	嬉戏阶段

significant others	重要他人	game stage	群体游戏阶段
generalized others	一般化他人	unconscious	无意识
id	本我	ego	自我
superego	超我	cognitive development theory	认知发展理论
sensorimotor stage	感觉运动阶段	preoperational stage	前运算阶段
concrete operational stage	具体运算阶段	formal operational stage	形式运算阶段
rites of passage	过渡仪式		

第五章

role	角色	social status	社会地位
status	身份	social role	社会角色
role set	角色丛	ascribed role	先赋角色
achieved role	自致角色	role playing	角色扮演
role strain	角色紧张	role conflict	角色冲突

第六章

social group	社会群体	primary group	初级群体
secondary group	次级群体	informal group	非正式群体
formal group	正式群体	in-group	内群体
out-group	外群体	group structure	群体结构
family	家庭	relative	亲属
family structure	家庭结构	patriarchal family	父权家庭
matriarchal family	母权家庭	equalitarian family	平权家庭
patrilocal residence	从夫居	matrilocal residence	从妻居
neolocal residence	单居制	descent	世系
patrilineal descent	父系继嗣	matrilineal descent	母系继嗣
bilateral descent	双系继嗣	social organization	社会组织
institutionalization	制度化	bureaucracy	科层制

第七章

Gemeinschaft(德语)	社区	Gesellschaft(德语)	社会
community	社区	virtual community	虚拟社区
community development	社区发展	urbanization	城市化
counter urbanization	逆城市化	over-urbanization	超前城市化
under urbanization	滞后城市化	ecological isolation	生态隔离
invasion	侵入	succession	演替
urban spatial structure	城市空间结构		

第八章

social interaction	社会互动	social situation	情境
meaning	意义	nonverbal communication	非语言沟通
facial expression	面部表情	gesture	动态体语
posture	静态体语	body language	体态语言
interpersonal distance	人际距离	personal space	个人空间
intimate distance	亲密距离	personal distance	个人距离
social distance	社会距离	public distance	公众距离
symbolic interactionism	符号互动论	symbol	符号
dramaturgical theory	拟剧论	impression management	印象管理
ethnomethodology	本土方法论	breaching experiment	违规实验

第九章

social stratification	社会分层	social differentiation	社会分化
social structure	社会结构	social mobility	社会流动
vertical mobility	垂直流动	horizontal mobility	水平流动
intergeneration mobility	代际流动	intragenerational mobility	代内流动
cultural capital	文化资本		

第十章

social deviance	社会越轨	aberrant deviance	反常越轨
nonconforming deviance	不遵从越轨	falsely accused deviance	被错判的越轨
secret deviance	秘密越轨	social disorganization	社会解组
social control	社会控制	conformity	从众
obedience	顺从	internal social controls	内在控制
internalization	内化	external social controls	外在控制
informal social control	非正式控制	formal of social control	正式控制
anomie theory	失范理论	anomie	失范
conformists	遵从论者	innovators	创新者
ritualists	仪式主义者	retreatists	退却主义者
rebels	反抗者	relative deprivation	相对剥夺感
culture conflict theory	文化冲突理论	Marxian conflict theory	马克思主义冲突理论
cultural transmission	文化传递	theory of differential association	差异交往理论
labeling theory	标签理论	primary deviance	初级越轨
secondary deviance	二级越轨	routine activities theory	日常活动理论
social control theory	社会控制理论	social bond	社会纽带

附录二　主要人物中英文对照

第一章

［美］马克·格林诺维特（Mark Granovetter，1943—　　）

［美］查尔斯·赖特·米尔斯（Charles Wright Mills，1916—1962）

［德］奥古斯特·孔德（Auguste Comte，1798—1857）

［英］赫伯特·斯宾塞（Herbert Spencer，1820—1903）

［法］埃米尔·涂尔干（Émile Durkheim，又译为"迪尔凯姆"、"杜尔克姆"，1858—1917）

［德］马克斯·韦伯（Max Weber，1864—1920）

［德］卡尔·马克思（Karl Marx，1818—1883）

［美］塔尔科特·帕森斯（Talcott Parsons，1902—1979）

［美］罗伯特·金·默顿（Robert King Merton，1910—2003）

［美］乔治·赫伯特·米德（George Herbert Mead，1863—1931）

［美］欧文·戈夫曼（Erving Goffman，1922—1982）

第二章

［美］罗伯特·以斯拉·帕克（Robert Ezra Park，1864—1944）

［美］玛格丽特·米德（Margaret Mead，1901—1978）

［英］布罗尼斯拉夫·马林诺夫斯基（Bronislaw Malinowski，1884—1942）

［美］威廉·富特·怀特（William Foote Whyte，1914—2000）

第三章

［英］爱德华·伯内特·泰勒（Edward Burnett Tylor，1832—1917）

［美］爱德华·萨丕尔（Edward Sapir，1884—1939）

［美］本杰明·李·沃尔夫（Benjamin Lee Whorf，1897—1941）

［英］阿尔弗雷德·拉德克利夫·布朗（Alfred Radcliffe Brown，1881—1955）

［匈］乔治·卢卡奇（Georg Lukács，1885—1971）

［意］安东尼奥·葛兰西（Antonio Gramsci，1891—1937）

［美］乔治·彼得·默多克（George Peter Murdoch，1897—1985）

［美］西奥多·罗斯扎克（Theodore Roszak，1933—2011）

［美］威廉·葛拉罕·萨姆纳（William Graham Sumner，1840—1910）

［美］戴维·波普诺（David Popenoe，1932—　　）

［美］威廉·菲尔丁·奥格本（William Fielding Ogburn，1886—1959）

第四章

［美］亨利·F.哈罗（Harry F. Harlow，1905—1981）

[美]鲍尔特温(A. L. Baldwin,1861—1934)

[美]德博拉·坦内恩(Deborah Tannen,1945—　)

[美]加布里埃尔·阿尔蒙德(Gabriel Almond,1911—2002)

[美]查尔斯·霍顿·库利(Charles Horton Cooley,1864—1929)

[奥]西格蒙德·弗洛伊德(Sigmund Freud,1856—1939)

[瑞士]让·皮亚杰(Jean Piaget,1896—1980)

[美]埃里克·埃里克森(Erik Erikson,1902—1994)

[美]劳伦斯·科尔伯格(Lawrence Kohlberg,1927—1987)

第五章

[美]拉尔夫·林顿(Ralph Linton,1893—1953)

第七章

[德]费迪南德·滕尼斯(Ferdinand Tönnies,1855—1936)

第八章

[德]格奥尔格·齐美尔(Georg Simmel,又译为"西美尔"或"齐默尔",1858—1918)

[美]爱德华·霍尔(Edward T. Hall,1914—2009)

[美]赫伯特·布鲁默(Herbert Blumer,1900—1987)

[美]哈罗德·加芬克尔(Harold Garfinkel,1917—2011)

第九章

[美]格尔哈特·伦斯基(Gerhard Lenski,1924—　)

[美]索罗金(Pitirim A. Sorokin,又译为"素罗金",1889—1968)

[美]彼得·迈克尔·布劳(Peter Michael Blau,1918—2002)

[美]奥蒂斯·达德利·邓肯(Otis Dudley Duncan,1921—2004)

[法]皮埃尔·布迪厄(Pierre Bourdieu,1930—2002)

第十章

[美]霍华德·索尔·贝克尔(Howard Saul Becker,1928—　)

[美]斯坦利·米尔格拉姆(Stanley Milgram,1933—1984)

[美]谢里夫(Sherif,1906—1988)

[美]理查德·克洛沃德(Richard Cloward,1926—2001)

[美]劳埃德·奥林(Lloyd Ohlin,1918—2008)

[美]理查德·昆尼(Richard Quinney,1934—　)

[美]埃德温·萨瑟兰(Edwin Sutherland,1883—1950)

附录三　图片列表及其来源

第一章

图 1-1　社会学就在我们身边

http://pica.nipic.com/2008-06-23/2008623103933260_2.jpg

图 1-2　各具特色的东西方饮食文化和婚俗

http://pica.nipic.com/2007-12-14/20071214153817201_2.jpg

http://yuqixuan.com/yqx/tupian/0064.jpg

http://www.salawed.com/party/them/h000/h12/img200807110933430.jpg

http://www.heiguang.com/old/images/200592297233.jpg

图 1-3　强关系、弱关系的力量

http://i3.sinaimg.cn/IT/2012/0118/U6349P2DT20120118131508.jpg

图 1-4　底蕴深厚的中国茶文化

http://img.liecheng.com/2010/07/06/11/bpic/20100706115735265.jpg

图 1-5　奥古斯特·孔德

http://upload.wikimedia.org/wikipedia/commons/b/b3/Auguste_Comte.jpg

图 1-6　埃米尔·涂尔干

http://upload.wikimedia.org/wikipedia/commons/2/24/Emile_Durkheim.jpg

图 1-7　马克斯·韦伯

http://a0.att.hudong.com/63/56/1930000108461613117556186 2103.jpg

图 1-8　卡尔·马克思

http://upload.wikimedia.org/wikipedia/commons/d/d4/Karl_Marx_001.jpg

图 1-9　塔尔科特·帕森斯

http://upload.wikimedia.org/wikipedia/en/4/45/Talcott_Parsons_%28photo%29.jpg

图 1-10　罗伯特·金·默顿

http://upload.wikimedia.org/wikipedia/en/0/08/Robert_K_Merton.jpg

图 1-11　一样的童年，不一样的起点

http://edu.workercn.cn/uploadfile/200911583344.jpg

http://pic.nipic.com/2007-05-15/200751517131836_2.jpg

图 1-12　宗教僧侣

http://sylt.zhifu.gov.cn/UploadFile/2009-2/20092259342949279.jpg

图 1-13　贫民

http://a1.att.hudong.com/83/29/3000007640461282102959 58454.jpg

图 1-14　乔治·赫伯特·米德

http://upload.wikimedia.org/wikipedia/commons/e/e6/Mead.jpg

图 1-15　欧文·戈夫曼

http://upload.wikimedia.org/wikipedia/en/d/de/Erving_Goffman.jpg

图 1-16　法尔曼与网络微笑符号“:-)”

http://paper.hbjjrb.com/res/1/20070919/65411190168251750.jpg

第二章

图 2-1　不是任何事物都适合量化

http://img1.cache.netease.com/catchpic/1/18/1802792C04AB780CA867910731065C47.jpg

图 2-2　社会学研究的基本程序

自制图片

图 2-3　街头问卷

http://s47.c0798.com/2010/12/21/20101221174833_7559.jpg

图 2-4　民生调查

http://i0.sinaimg.cn/IT/2010/1221/U5081P2DT20101221105610.jpg

图 2-5　随机数字

http://pic.gicpic.cn/bigimg/newbigimg1/5190000/109687780.jpg

图 2-6　实验

http://pic20.nipic.com/20120402/8197664_092918452146_2.jpg

图 2-7　基本实验设计图

自制图片

图 2-8　霍桑工厂工人与研究者

http://cs.gzedu.com/jiaoshijixu/2009/xlxyyjy/contents/images/2-2-1.jpg

http://a1.att.hudong.com/31/57/01300000244404122412573401452.jpg

图 2-9　马林诺夫斯基

http://upload.wikimedia.org/wikipedia/commons/f/f6/Bronislawmalinowski.jpg

图 2-10　观察法的分类及其特征

自制图片

图 2-11　田野调查

http://a1.att.hudong.com/35/98/01300000368909129275989656371.jpg

图 2-12　访谈

http://a1.att.hudong.com/84/32/19300001357258132815329357702_950.jpg

第三章

图 3-1　纳西族男子月下传情

http://a1.att.hudong.com/20/14/01300000030096612266414823244 8.jpg

图 3-2　文房四宝

http://www.taopic.com/uploads/allimg/110112/2305-1101121IA829.jpg

图 3-3　端午节龙舟竞渡

http://hznews.hangzhou.com.cn/content/attachement/jpg/site2/20110527/0023aea5a95c0f497e0c1e.jpg

图 3-4　彰显中国元素的北京奥运火炬

http://pica.nipic.com/2008-03-14/2008314154454157_2.jpg

图 3-5　中国文化符号异彩纷呈

http://img238.ph.126.net/hfPPAorEgwffLXSP96aMeA==/2219148716388265416.jpghttp://img694.ph.126.net/Sdpj36RR-D5pYaO-tdzTog==/59954170040639726.jpg

http://img158.ph.126.net/lWn3CK9DtbCVg4BQrPJReA==/2174675670068088108.jpg

http://img844.ph.126.net/V4k-mrWr7qiQxQgDBY8kKQ==/899031075615784779.jpg

http://img847.ph.126.net/eIRa5nd2WwgOwK71qd3JEw==/755197362516357080.jpg

图 3-6 东西方的龙文化

http://chnsj.com/attachments/2009/ch/200910233566.jpg

http://pic14.nipic.com/20110502/3731591_211136626363_2.jpg

图 3-7 剽窃论文

http://www.jyb.cn/opinion/gdjy/201003/W020100326604119861934.jpg

图 3-8 人体穿孔一度为社会风俗所禁止

http://www.sinonet.org/d/file/photo/society/2009-01-06/70dcf8eb4d8f375558eaf1c6ddfee91f.jpg

图 3-9 同性恋权利运动

http://www.cnbizmode.com/upimg/110424/1_225547.jpg

图 3-10 因纽特人的冰屋和洞里萨湖居民的水上生活

http://www.res.hnzz.net/res/go009/gs007/k14349/30412/resource/r177915/%D2%F2%C5%A6%CC%D8%C8%CB%B5%C4%B1%F9%CE%DD1.jpg

http://news.xinhuanet.com/forum/2009-03/10/xin_15203060917253751791621.jpg

图 3-11 简单计划(Simple Plan)——加拿大流行朋克乐团

http://www.nvrentaoba.com/imgs/picc_taHR0cDovL2ltZzZAzLnRhb2Jhb2Nkbi5jb20vYmFvL3VwbG9hZGVkL2kzL1QxQxbWNsRlhmRkdYYWFnMlRBBVF8wMTMyMDcuanBnl.jpg

图 3-12 摩尔斯电码——间谍的隐语

http://image.cnwest.com/attachement/jpg/site1/20090608/0019d183982e0b97100b2c.jpg

图 3-13 到了大学,数学还有用吗?

http://www.taopic.com/uploads/allimg/110126/2316-110126160F297.jpg

图 3-14 泰国克伦族的长脖子女孩

http://article.sh51766.com/img_travel/201052116286268.jpg

图 3-15 澳大利亚土著人用舞蹈欢庆国庆日

http://news.xinhuanet.com/world/2012-01/29/144634711290268842861n.jpg

图 3-16 中国风家居装修

http://a1.att.hudong.com/20/14/01300000300966122664148232448.jpg

第四章

图 4-1 爱和依恋是基本的生理需求

http://t3.baidu.com/it/u=3943294182,3531702195&fm=0&gp=0.jpg

http://t2.baidu.com/it/u=2228634501,2259347876&fm=0&gp=0.jpg

图 4-2 初始社会化对儿童成长非常重要

http://image.photophoto.cn/nm-6/034/008/0340080172.jpg

图 4-3 人生中的各种培训

http://www.dx513.com/engi/UploadFiles_1281/201101/2011011617390318.jpg

图 4-4 孟母三迁

http://img.club.pchome.net/upload/club/other/2011/9/2/pics_shanghaipai_1314946454.jpg

图4-5　学前教育

http://pic16.nipic.com/20110816/4744927_122523494120_2.jpg

图4-6　孩子童年最好的朋友往往是同龄人

http://pic12.nipic.com/20110225/4702648_174518518121_2.jpg

图4-7　不同年代的同辈群体

http://img.ifeng.com/res/200912/1221_883437.jpg

http://www.newglady.com/upfile/allimg/120113/13-12011315001jl.jpg

图4-8　人才市场上等待求职的人们

http://pic.66wz.com/0/01/22/34/1223423_414045.jpg

图4-9　五大传媒——报纸、广播、电视、网络、手机

http://a2.att.hudong.com/40/98/19300001345691131373989643057.jpg

http://a3.att.hudong.com/04/96/300001349927131702961078676.jpg

http://www.xinjiangnet.com.cn/wlmqweb/3204/family/child/201106/w020110620678929220139.jpg

http://pic12.nipic.com/20110103/2531170_135549648131_2.jpg

http://a4.att.hudong.com/08/24/19300001345691131374240679380.jpg

图4-10　镜子里那个人是谁？

http://paper.people.com.cn/smsb/res/1/779/2009-03/13/05/res01_attpic_brief.jpg

图4-11　迈克尔·杰克逊模仿秀

http://img1.gtimg.com/0/8/858/85814_500x500_192.jpg

图4-12　哪个"我"在起作用？

http://epaper.daynews.com.cn/sxfzb/20100428/15_1.jpg

图4-13　皮亚杰的认知发展理论

http://www.jdedu.net/UploadFiles/Picture/200961_12423580.gif

图4-14　婚礼是重要的过渡仪式

http://pic3.nipic.com/20090602/2624726_113819058_2.jpg

第五章

图5-1　消防员

http://cp.eastday.com/epublish/gb/paper462/20031101/class046200002/image/img1317320_2.jpg

图5-2　张海迪致辞

http://www.tdpf.org.cn/images/attachement/jpg/site44/20090911/000aeb0eb6690c142f4f53.jpg

图5-3　法槌——法官权威的象征

http://image2.sina.com.cn/dy/c/2002-05-30/1_1-1-21-312_2002053021745.jpg

图5-4　潇洒女警

http://pic4.nipic.com/20091116/2704844_014557529224_2.jpg

图5-5　北京奥运会志愿者标志

http://pic.nipic.com/2008-08-28/2008828174322352_2.jpg

图5-6　招聘要求

http://www.wwwwang.com/uploadfile/wldxc/upload/2008_11/081113074649201.jpg

图5-7　医患关系

http://news.xinhuanet.com/fortune/2006-11/08/xin_352110308210971843933.jpg

图 5-8　泰坦尼克号上的爱情

http://image.xinmin.cn/2010/06/25/20100625152925573002.jpg

图 5-9　玛丽·安托瓦内特

http://a2.att.hudong.com/38/15/01300000229799121969154433547.jpg

图 5-10　木兰从军

http://img.blog.163.com/photo/5ToLwSXdltp4KxHAkWjMZg==/588564176302372320.jpg

图 5-11　教师的角色

http://www.yznews.com.cn/yznews08/site2/20110910/A061315610872531_change_WBJRSD06910Cb001.jpg

图 5-12　职业女性

http://www.njw168.com/ss/image/attachement/jpg/site2/20101014/00241dd8d1200e20a6e327.jpg

第六章

图 6-1　社会群体

http://img.ifeng.com/res/201001/0103-080129_945_22.jpg

http://img.pop-photo.com.cn/myspace/image/2010/05/0/14/65/146510_763717109.jpg

图 6-2　内群体与外群体

http://www.techcn.com.cn/uploads/201006/12770320966PdAr3SB.jpg

图 6-3　群体规模

自制图片

图 6-4　思想道德和社会诚信行为规范

http://s.news.bandao.cn/news_imgh/201104/80/4294693916930066088.jpg

图 6-5　家是什么？

http://www.pep.com.cn/sxpd/js/tbjx/tp/8s/201008/W020100827740624335492.jpg

图 6-6　"妈妈,洗脚"

http://chuanye.cn/UploadFile/xinwenzixun/2010121411159151692.jpg

图 6-7　设施齐备的幼教机构

http://www.0527zp.com/1ewebeditor/UploadFile/20101112101116533.jpg

图 6-8　有父母陪伴的童年是幸福的

http://pica.nipic.com/2008-01-13/200811304548246_2.jpg

图 6-9　丈夫也来做家务

http://www.xiangqinba.com/upload/xiangqinba/xiangqinba/admin/2010/05/21/5_092103_1.jpg

图 6-10　组织内部的权力结构

http://a2.att.hudong.com/14/03/01300000271069123748034393744.jpg

图 6-11　科层制的层级

http://olpaper.xplus.com/papers/jjgcb/20120213/gcj213c_1.jpg

第七章

图 7-1　守望相助的村庄

http://imgsrc.baidu.com/baike/pic/item/5327ce166540f643962b4364.jpg

图 7-2　村庄节日里的舞狮

http://pic6.nipic.com/20100421/3056179_100156100109_2.jpg

图 7-3　网络通信与虚拟社区

http://img1.ooopic.com/uploadfilepic/shiliang/2009-09-12/OOOPIC2_liqich_20090912871ea597378682b1.jpg

http://pic3.nipic.com/20090703/773324_080633087_2.jpg

图 7-4　"我行贿了"

http://news.ccvic.com/uploadfile/2011/0622/20110622124736806.jpg

图 7-5　城市社区

http://pic.ltpic.cn/list_thumb/20100425/1272163391099177199dhafsc.jpg

图 7-6　欧洲工业革命

http://a1.att.hudong.com/27/20/19300001084616131298207928440.jpg

图 7-7　新农村新面貌

http://upload.17u.net/uploadpicbase/2007/11/30/af/2007113009424459344.jpg

图 7-8　管理主体多元化

http://newspaper.dbw.cn/qqherb/sc/1/21/2011-02-23/00007/res01_attpic_brief.jpg

图 7-9　考学进城

http://www.angeledu.org/uploadfile/2011/0724/20110724040610102.jpg

图 7-10　城市化与逆城市化

自制图片

图 7-11　同心圈城市空间结构

http://www.dlgw.net/UploadFiles/XuanXiuJiaoCan_UploadFiles/200410/20041024190233922.jpg

第八章

图 8-1　不同情境下的人们对行动"一记耳光"的反应

自制图片

图 8-2　笑是人类共同的语言

http://pic12.nipic.com/20110105/2457331_155743232640_2.jpg

图 8-3　你能读懂"微表情"吗？

http://wenwen.soso.com/p/20110410/20110410211844-1395818515.jpg

图 8-4　防御性站姿

http://farm2.static.flickr.com/1247/5098588434_2c1a83935f.jpg

图 8-5　男女之间的眼神接触

http://pic4.nipic.com/20091202/2045163_005811677311_2.jpg

图 8-6　办公室的人际距离

http://njw168.cn/yw/image/attachement/jpg/site2/20100303/00241dd8ce890cf814f022.jpg

图 8-7　餐馆中顾客自选座位的分布

http://www.whaty.com/yyfw/jpkj/rtgcx/zx/chihui/images/200.gif

图 8-8　跨国公司项目合作团队成员相互加油鼓气

http://pic2.nipic.com/20090410/2284661_204013008_2.jpg

图 8-9　竞争与合作

http://epaper.bjnews.com.cn/html/2009-03/19/content_334560.htm? div=-1

图 8-10　讨论是一种常见的合作

http://pic9.nipic.com/20100812/5301697_151649245952_2.jpg

图 8-11　交通指示标志——生活中的符号

http://jtbz.haoyun56.com/ZhuanTi/Images/jtbz06.gif

图 8-12　职员的形象，公司的面貌

http://pic9.nipic.com/20100814/2838511_175737141563_2.jpg

图 8-13　职业装

http://pic7.nipic.com/20100519/4857166_085334023155_2.jpg

图 8-14　哈罗德·加芬克尔

http://upload.wikimedia.org/wikipedia/commons/thumb/6/65/Garfinkel2.TIF/lossy-page1-787px-Garfinkel2.TIF.jpg

第九章

图 9-1　社会资源与社会分层

http://www.my1510.cn/files/my1510_8/6787603762.jpg

图 9-2　社会分层

http://www.highthinktank.cn/UploadFiles/Shop/201009031032093104.jpg

图 9-3　经济地位影响社会分层

http://newspaper.dbw.cn/hljcb/sc/1/1/2010-04/20/00019/res01_attpic_brief.jpg

图 9-4　各种"二代"

http://www.umiwi.com/public/article/20100927162717_21479.jpg

图 9-5　"蚁族"的奋斗

http://www.taizhou.com.cn/zztz/attachement/jpg/site2/20100926/001aa004ee630e08e4103d.jpg

图 9-6　户籍制度影响社会流动

http://yaobang.hybsl.cn/d/file/zonghe/zuixinshiliao/2010-06-09/2c9bd2a6514ce2716c2185dc1e9d4206.jpg

图 9-7　教育是社会流动的推进器

http://jyb.com.cn/gk/gksx/201106/W020110616338250597523.jpg

第十章

图 10-1　城市里的"走鬼"们

http://epage.zhnews.net/zhtqb/2011-01-14/06/zhaoyz11012_b.jpg

图 10-2　女性吸烟

http://szb.northnews.cn/bfxb/res/1/20100531/72761275270520343.jpg

图 10-3　对越轨行为实行社会控制

http://pic1.hebei.com.cn/0/10/54/30/10543026_290757.jpg

图 10-4　线段实验

自制图片

图 10-5　汉娜在审判法庭上

电影截图

图 10-6　告密者，悄悄话

http://picm.photophoto.cn/005/014/010/0140100021.jpg

图 10-7　选择的岔路口

http://img.inpai.com.cn/article/2011/5/5/6bdea17e-84f5-40bc-a0f6-3fa7ae60615f.jpg

图 10-8　"好汉"与"匪寇"

http://bbs.c114.net/uploadImages/200452620574772160.jpg

图 10-9　金店

http://img762.ph.126.net/b1glYfcqgUkn0nGzpMQisA==/4930878642017401968.jpg

图 10-10　监控——小区的"眼睛"

http://i03.c.aliimg.com/img/ibank/2010/928/758/105857829_756666301.jpg

图 10-11　破窗效应

http://olpaper.xplus.com.cn/papers/scrb/20100331/sc033107_4.jpg

参 考 文 献

[1] [美]艾尔·巴比. 社会研究方法基础(第四版)[M]. 邱泽奇编译. 北京:华夏出版社,2010.

[2] [美]戴维·波普诺. 社会学(第十一版)[M]. 李强等译. 北京:中国人民大学出版社,2007.

[3] [美]詹姆斯·汉斯林. 社会学入门——一种现实分析方法(第7版)[M]. 林聚仁等译. 北京:北京
    大学出版社,2007.

[4] [美]理查德·谢弗. 社会学与生活(插图第9版)[M]. 刘鹤群,房智慧译. 北京:世界图书出版公
    司,2006.

[5] [美]伊恩·罗伯逊. 社会学(上册)[M]. 黄育馥译. 北京:商务印书馆,1990.

[6] [美]亚历克斯·梯尔. 越轨社会学(第10版)[M]. 王海霞等译. 北京:中国人民大学出版社,2011.

[7] [美]马克·格兰诺维特. 找工作:关系人与职业生涯的研究[M]. 张文宏等译. 上海:上海人民出
    版社,2008.

[8] [美]塞缪尔·P.亨廷顿. 变革社会中的政治秩序[M]. 王冠华,刘为等译. 上海:上海世纪出版社,
    2008.

[9] [美]劳伦斯·J.彼得,雷蒙德·赫尔. 彼得原理[M]. 闾佳等译. 北京:机械工业出版社,2007.

[10] [美]欧文·戈夫曼. 日常生活中的自我呈现[M]. 黄爱华,冯钢译. 杭州:浙江人民出版社,1989.

[11] [英]安东尼·吉登斯. 社会学(第五版)[M]. 李康译. 北京:北京大学出版社,2009.

[12] [英]迪姆·梅. 社会研究问题、方法与过程[M]. 李祖德译. 北京:北京大学出版社,2009.

[13] [古希腊]亚里士多德. 政治学[M]. 颜一,秦典华译. 北京:中国人民大学出版社,2003.

[14] [澳]马尔利姆·沃特斯. 现代社会学理论(第2版)[M]. 杨善华等译. 北京:华夏出版社,2000.

[15] 风笑天. 社会学导论(第二版)[M]. 武汉:华中科技大学出版社,2008.

[16] 关信平,袁新. 多元化的社会行为与人际关系[M]. 北京:工人出版社,1988.

[17] 胡俊生. 社会学教程新编[M]. 武汉:武汉大学出版社,2010.

[18] 陆学艺等. 社会学[M]. 北京:知识出版社,1991.

[19] 李斌. 社会学[M]. 武汉:武汉大学出版社,2009.

[20] 李宁. 社会学概论[M]. 合肥:安徽人民出版社,2007.

[21] 李强. 社会分层十讲[M]. 北京:社会科学文献出版社,2008.

[22] 邱泽奇. 社会学是什么[M]. 北京:北京大学出版社,2002.

[23] 吴增基等. 现代社会学[M]. 上海:上海人民出版社,1997.

[24] 王思斌. 社会学教程(第三版)[M]. 北京:北京大学出版社,2010.

[25] 谢高桥. 社会学[M]. 台北:巨流图书公司,1994.

[26] 袁方. 社会研究方法教程[M]. 北京:北京大学出版社,1997.

[27] 杨云鹏等. 每天读点社会学大全集[M]. 北京:中国华侨出版社,2011.

[28] 郑杭生. 社会学概论新修(精编版)[M]. 北京:中国人民大学出版社,2009.

［29］郑杭生. 社会学概论新修（第三版）［M］. 北京：中国人民大学出版社,2002.

［30］蔡禾,赵巍. 社会学的实证研究辨析［J］. 社会学研究,1994(3)：8-12.

［31］风笑天. 论参与观察者的角色［J］. 华中师范大学学报（人文社会科学版）,2009(3)：39-44.

［32］郭风英,陈伟东. 单位社区改制进程中社区治理结构的变迁［J］. 河南师范大学学报（哲学社会科学版）,2011(1)：44-48.

［33］康宇. 中国城市社区治理发展历程及现实困境［J］. 贵州社会科学,2007(2)：65-92.

［34］李桂梅. 中国传统家庭伦理的现代转向及其启示［J］. 哲学研究,2011(4)：114-118.

后　记

　　从研读社会学经典著作到编撰社会学教材，从知识和思想的输入到输出，每一次转变都是一项令人兴奋的挑战。这些挑战不仅源于我们心怀读者，也因为我们认识到，在浩如烟海的社会学教材中要拥有自己的新意和特色实为不易。尽管如此，秉着对社会学的热爱和对读者负责的态度，我们力求做到通俗易懂、生动有趣、图文并茂，并且贴近生活和实际。

　　在编撰本书的过程中，每有深入了解一位社会学家，我们就常为他们的治学和研究精神所打动。汲前人思想之精华，展前人思想之风采，普及社会学基础知识，这是我们诚挚的心愿。

　　本书由陆小媛主编，杨少曼、孟凯旋和林海彬为副主编。主编主要负责统筹安排和最终校稿。各章的主要编撰人员分工如下。

　　杨少曼：第一章、第二章、第八章；

　　孟凯旋：第三章、第四章、第十章；

　　林海彬：第五章、第六章、第七章、第九章。

　　经过编者们的通力合作，相互校稿，反复斟酌，八易其稿，本书最终得以成形。本书付梓之际，心中不免感慨。感谢出版社的热忱邀请，他们的鼎力支持，使本书最终得以展现在读者面前。

　　尽管我们用心编撰此书，但也难以完美地呈现社会学知识和思想之光彩，书中若有偏颇错漏之处，恳求读者批评指正。我们将尽力做到更好！

本书编写组

2013 年 1 月 8 日